Aprende a Programar con Java

Ángel Arias

ISBN: 978-1499321920

Tabla de Contenidos

NOTAS DEL AUTOR

Esta publicación está destinada a proporcionar el material útil e informativo. Esta publicación no tiene la intención de conseguir que usted sea un maestro de las bases de datos, sino que consiga obtener un amplio conocimiento general de las bases de datos para que cuando tenga que tratar con estas, usted ya pueda conocer los conceptos y el funcionamiento de las mismas. No me hago responsable de los daños que puedan ocasionar el mal uso del código fuente y de la información que se muestra en este libro, siendo el único objetivo de este, la información y el estudio de las bases de datos en el ámbito informático. Antes de realizar ninguna prueba en un entorno real o de producción, realice las pertinentes pruebas en un entorno Beta o de prueba.

El autor y editor niegan específicamente toda responsabilidad por cualquier responsabilidad, pérdida, o riesgo, personal o de otra manera, en que se incurre como consecuencia, directa o indirectamente, del uso o aplicación de cualesquiera contenidos de este libro.

Todas y todos los nombres de productos mencionados en este libro son marcas comerciales de sus respectivos propietarios. Ninguno de estos propietarios ha patrocinado el presente libro.

Procure leer siempre toda la documentación proporcionada por los fabricantes de software usar sus propios códigos fuente. El autor y el editor no se hacen responsables de las reclamaciones realizadas por los fabricantes.

INTRODUCCIÓN

La tecnología Java

La tecnología Java se compone de una gama de productos basados en el poder de la red y en la idea de que el software debe ser capaz de ejecutarse en diferentes máquinas, sistemas y dispositivos. Los diferentes dispositivos comprenden: ordenadores, servidores, notebooks, PDA (Palm), teléfonos móviles, TV, frigoríficos y todo lo que sea posible.

Los programas de Java se ejecutan en diferentes entornos a través de un componente llamado la plataforma JVM (Java Virtual Machine) - que es una especie de traductor de instrucciones específicas del código Java para cada sistema y dispositivo.

La tecnología Java se inició en 1995 y desde entonces ha crecido en popularidad hasta convertirse en una plataforma muy estable y madura. La tecnología Java se encuentra en su segunda versión, llamada la plataforma Java 2.

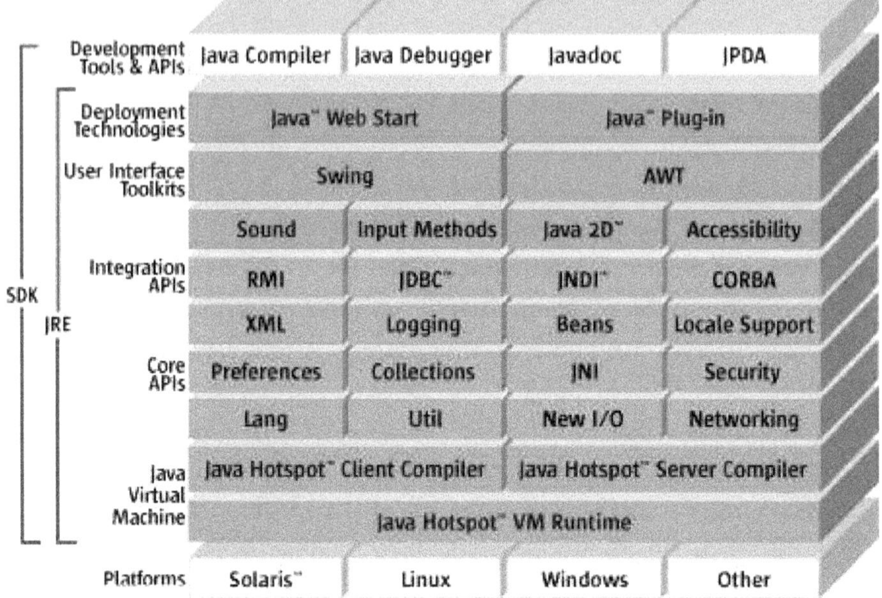

La tecnología Java está, básicamente, subdividida en:

- J2SE (Java2StandardEdition)
- J2EE (Java2EnterpriseEdition)
- J2ME (Java 2 Micro Edition)
- Java Card
- JavaWebServices

El JSE es una plataforma rica que ofrece un entorno completo para el desarrollo de aplicaciones para clientes y servidores. El J2SE también es la base de las tecnologías J2EE y de los servicios web en Java, y se divide en dos grupos conceptuales: Java Core y Java Desktop.

Sun distribuye el JSE como un SDK (Software Development Kit), junto con un JRE (Java Runtime Environment). El paquete viene con herramientas para: la compilación, la depuración, la generación de documentación (javadoc), componentes packer (jar) y JRE, y contiene la JVM y otras aplicaciones necesarias para ejecutar los componentes de Java.

La tecnología J2EE

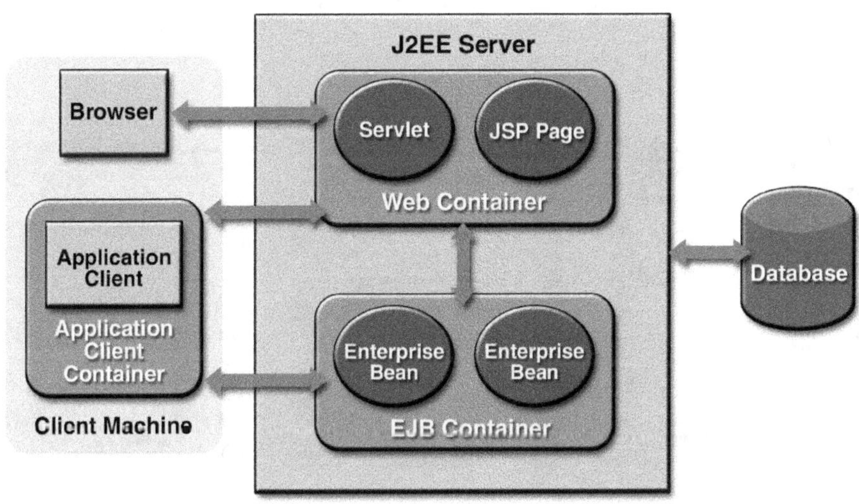

El J2EE es una plataforma que ofrece las siguientes características:

- La tecnología JEE no es un producto, sino una especificación definida por Sun.
- Simplifica las aplicaciones empresariales de múltiples capas.
- Está basado en componentes estándares, modulares y reusables como el EJB, ofreciendo una gama completa de servicios a estos componentes.
- Maneja muchos detalles del comportamiento de la aplicación de forma automática.
- No hay necesidad de volver a aprender a programar, ya que utiliza las mismas características de Java (JSE).
- Se ejecuta en servidores de aplicaciones J2EE diferentes de las estandarizadas por Sun.

La tecnología J2EE va más allá del alcance de este libro.

La tecnología J2ME

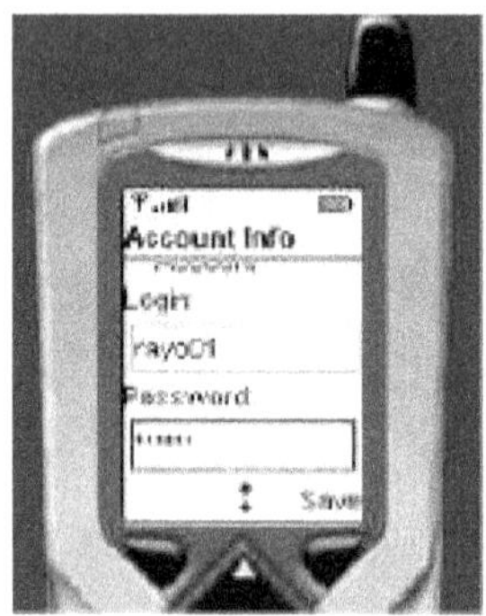

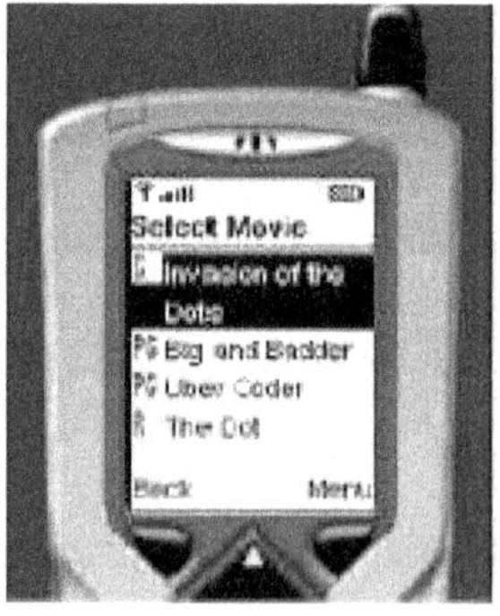

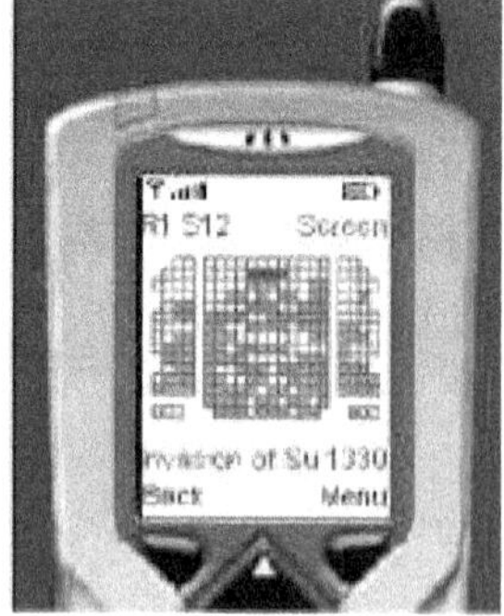

La tecnología J2ME está orientada a las aplicaciones que se ejecutan en dispositivos pequeños como los teléfonos móviles, las PDAs, las tarjetas inteligentes, etc. Esta tiene lo suficiente para completar el desarrollo de aplicaciones para dispositivos pequeños con una API. La tecnología JME va más allá del alcance de este libro.

Los Servicios Web de Java poseen las siguientes características.

- Están basadas en la tecnología XML.
- Se utiliza para intercambiar información por la red.
- Son muy usados por sitios de comercio electrónico.
- Utiliza estándares definidos muy extendidos, como SOAP, ...
- El API JAXP (Java API para XML Processing) proporciona instalaciones para servicios Web.

A continuación vamos a ver como podemos instalar el JDK de Java. Para ello haremos lo siguiente:

- Descargar el JDK para la plataforma (http://java.sun.com).
- Ejecutar el archivo de instalación - es fácil de instalar (Siguiente, Siguiente, Finalizar).
- Crear una variable de entorno llamada JAVA_HOME, que debería guardar la ruta del directorio donde está instalado Java y agregar la ruta de acceso a los programas de Java en el PATH de su sistema operativo:

Windows:

SET JAVA_HOME = C:\ jdk1.5.0 SET PATH =% PATH%;% JAVA_HOME%\bin

En Linux:

export JAVA_HOME = /usr/java/jdk1.5.0

export PATH = $ PATH:% JAVA_HOME%/bin

Fundamentos del Lenguaje Java

Los programas de Java, cuando se compilan, se convierten en un código intermedio (bytecode), el cual se comprueba, se carga en la memoria y luego es interpretado por la JVM (Java Virtual Machine). Java no genera ejecutables, ni código nativo para el sistema operativo. A continuación vamos a ver un ejemplo:

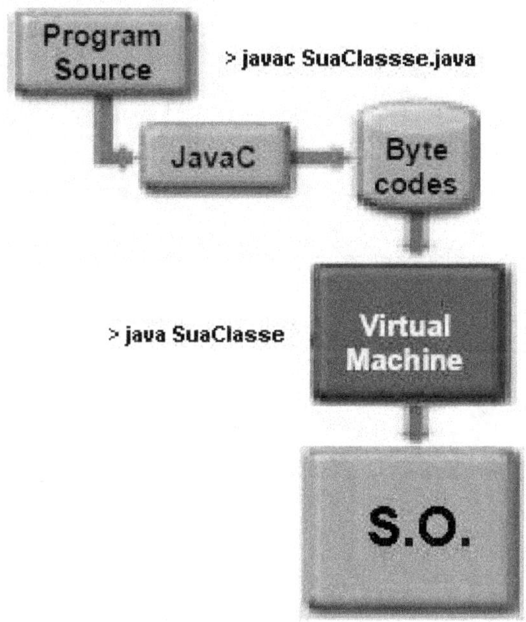

Archivo: PrimerPrograma.java

```
public class PrimerPrograma {
```

```
public static void main( String[] args ) {

System.out.println( "Mi primer programa en Java" );

}

}
```

Todos los programas empiezan con el método main(), que es el punto de partida.

Compilar el código fuente:

javac PrimerPrograma.java

Ejecutar el programa:

java PrimerPrograma

Salida generada:

Mi primer programa en Java

Mi primer programa en Java

La firma del método main () es el punto de partida de un programa Java y se debe hacer de la siguiente manera:

public static void main (String [] args) {}

El parámetro que se pasa al método main () es una matriz de cadenas que contiene los valores de los argumentos pasados en la línea de comandos del programa. Como por ejemplo:

java PrimerPrograma argumento1 argumento2 argumento3

Cada palabra pasada como argumento es un elemento del array, parámetro del main ().

Los comentarios en Java pueden ser en una línea o en bloque:

Por línea:

/ / Esto es un comentario y comienza con dos barras.

En bloque:

/ * Los comentarios en bloque aceptan varias líneas

No usar comentarios anidados

*** /**

En Java, una variable debe:

- Ser declarada antes de ser utilizada
- Tener un tipo definido (el tipo no puede cambiar)
- Inicializar el valor de la variable antes de usarla

- Ser utilizado dentro del ámbito de aplicación (método o bloque)

Declaración: <tipo da variable> <nombre da variable>;

Declaración y atribución: <tipo> <nombre> = <valor>;

Tipo	***Tamanho (bits)***	***Valor Mínimo***	***Valor Máximo***	***Sem Sinal***
boolean	1	false	true	X
char	16	0	$2^{16} - 1$	X
byte	8	-2^{7}	$2^{7} - 1$	
short	16	-2^{15}	$2^{15} - 1$	
int	32	-2^{31}	$2^{31} - 1$	
long	64	-2^{63}	$2^{63} - 1$	
float	32			
double	64			

A continuación veamos unos ejemplos de uso de las variables:

```
public class TiposPrimitivos {

public static void main( String[] args ) {

//declara un int y atribuye un valor

int edad = 25;

//declara un float y, después, atribuye un valor
```

```
float valor;

valor = 1.99f;

//declarando un boolean

boolean verdaderoOFalso = false;

verdaderoOFalso = true;

//declarando un char

char letraA = 'A';

letraA = 65; //valor ASCII para 'A'

letraA = '\u0041'; //valor Unicode para 'A'

//declarando un byte

byte b = 127;

//declarando un short

short s = 1024;

//declarando un long

long l = 1234567890;
```

```
//declarando un double

double d = 100.0;

//declaración múltiple

int var1=0, var2=1, var3=2, var4;

}

}
```

Los Strings

El String es una clase que maneja las cadenas de caracteres. La clase String tiene métodos para poder realizar dichas manipulaciones, y trabaja con pools de strings para ahorrar memoria. Veamos un ejemplo de un string:

```
String str = "Esto es un String de Java";

String xyz = new String("Esto es una String de Java");

if( str == xyz ) System.out.println("IGUAL");

else System.out.println("DIFERENTE");

if( str.equals( xyz ) ) {
```

//MANERA CORRECTA DE COMPARAR EL CONTENIDO DE LOS STRINGS

}

System.out.println(“Tamaño del String: “ + str.length());

System.out.println(“SubString: “ + str.substring(0, 10));

System.out.println(“Caracter en la posición 5: “ + str.charAt(5));

Otros métodos útiles de la clase String:

String str = “Esto es un String de Java”;

// El método split rompe el String

// por el separador deseado

String[] palabras = str.split(“ ”);

int i = str.indexOf(“una”); //retorna el índice de la palabra en el String

if(str.startsWith(“Hola”) || str.endsWith(“Mundo!”)) {

// comprueba al comienzo y al final del String - retorna boolean

}

str = str.trim(); // elimina los espacios en blanco al inicio y al final

str = str.replace('a','@'); // sustituye los caracteres

// sustituye una palabra (usa expresiones regulares)

str = str.replaceAll("String","Cadena de caracteres");

VALORES LITERALES

Un valor literal se especifica en el propio código.

El literal puede ser:

boolean:

true e false

entero:

10, 0x10, 010 (decimal, hexadecimal y octal, respectivamente) puntoflotante:

1.99, 2.55f, 10.99d, 4.23E+21 (double, float, double y notación científica, respectiv.)

Caracteres de escape del tipo char:

'\n' – rompe la línea

'\r' – retorno de Coche

'\t' – tabulación

'\\' – barra invertida

'\b' – backspace

'\f' – form feed

'\'' – aspa simple

'\"' – aspa dupla

char:

'A', '\u0041', 65 (carácter ascii, código Unicode e código ascii, respectivamente)

String:

String str = "Esto es un literal String";

LAS PALABRAS RESERVADAS

Java tiene 53 palabras clave y palabras reservadas:

1. abstract

2. class
3. extends
4. implements
5. null
6. strictfp
7. true
8. assert
9. const
10. false
11. import
12. package
13. super
14. try
15. boolean
16. continue
17. final
18. instanceof
19. private
20. switch
21. void
22. break
23. default
24. finally
25. int
26. protected
27. synchronized
28. volatile
29. byte
30. do

31. float
32. interface
33. public
34. this
35. while
36. case
37. double
38. for
39. long
40. return
41. throw
42. catch
43. else
44. goto
45. native
46. short
47. throws
48. char
49. enum
50. if
51. new
52. static
53. transient

Ninguna de las palabras anteriores se pueden utilizar como identificadores (nombres de variables, atributos, clases), o para otro propósito. Palabras Goto y const, aunque son palabras reservadas, no tienen ninguna utilizadad en Java.

Los Identificadores

Las reglas para nombrar a los identificadores (variables, nombres de funciones, clases o de etiquetas) suelen seguir las siguientes reglas:

- Los nombres deben comenzar con letra o con los caracteres _ o $
- Los caracteres siguientes pueden contener números, letras o $ _

Veamos varios ejemplos de nombres de identificadores:

valor // válido

$precio // válido

20items // NO válido

_prueba // válido

INT // válido

Nota: Java distingue mayúsculas y minúsculas.

Los Operadores

Ahora veremos los operadores del lenguaje Java, que añaden funcionalidad importante a los programas. Tienen un orden de prioridad en la ejecución de la expresión. Para garantizar el orden deseado de precedencia, expresiones de grupo con paréntesis.

Incremento y Decremento: ++ y --

int a = 0;

int b = a++; // incrementado después de atribuir

int c = ++a; // incrementado antes de atribuir

b = a--; // decrementado después de atribuir

c = --a; // decrementado antes de atribuir

Más y Menos Unario: + y –

int x = +3; // x recibe el positivo 3

x = -x; // x recibe -3, en este caso

Inversión de Bits: ~

int i = ~1; // i = -2 (los bits fueron invertidos)

Complementar booleano: !

boolean falso = ! (true); // invierte el valor booleano

Conversióno de Tipos: (tipo)

double d = 1.99;

int i = (int) d; // convierte de double para int (pérdida de precisión)

Multiplicación e División: * y /

int uno = 3 / 2; // la división de enteros genera un entero

Módulo: %

int resto = 7 % 2; // resto = 1

Adición y Sustracción: + y –

long l = 1000 + 4000;

double d = 1.0 – 0.01;

Concatenación:

long var = 12345;

String str = "El valor de var es " + var;

En la concatenación de Strings, las variables o literales son promovidos a String:

String str = "El valor de var es " + Long.toString(var);

Desplazamiento Derecha >>

```
Número: 192
Binário:                 |00000000|00000000|00000000|11000000|
Right Shift de 1 bit:    |00000000|00000000|00000000|01100000|    int i = 192 >> 1
Right Shift de 7 bits:   |00000000|00000000|00000000|00000001|    int i = 192 >> 7
Número: -192
Binário:                 |11111111|11111111|11111111|01000000|
Right Shift de 1 bit:    |11111111|11111111|11111111|10100000|    int i = -192 >> 1
Right Shift de 7 bits:   |11111111|11111111|11111111|11111110|    int i = -192 >> 7
```

Desplazamiento Izquierda <<

```
Número: 192
Binário:                 |00000000|00000000|00000000|11000000|
Left Shift de 1 bit:     |00000000|00000000|00000001|10000000|    int i = 192 << 1
Left Shift de 7 bits:    |00000000|00000000|01100000|00000000|    int i = 192 << 7
Número: -192
Binário:                 |11111111|11111111|11111111|01000000|
Left Shift de 1 bit:     |11111111|11111111|11111110|10000000|    int i = -192 << 1
Left Shift de 7 bits:    |11111111|11111111|10100000|00000000|    int i = -192 << 7
```

Desplazamiento Derecha, sin Signo : >>>

```
Número: 192
Binário:                 |00000000|00000000|00000000|11000000|
Right Shift de 1 bit:    |00000000|00000000|00000000|01100000|    int i = 192 >>> 1
Right Shift de 7 bits:   |00000000|00000000|00000000|00000001|    int i = 192 >>> 7
Número: -192
Binário:                 |11111111|11111111|11111111|01000000|
Right Shift de 1 bit:    |01111111|11111111|11111111|10100000|    int i = -192 >>> 1
Right Shift de 7 bits:   |00000001|11111111|11111111|11111110|    int i = -192 >>> 7
```

Comparación ordinal: >, >=, < y <=

Compara tipos primitivos numéricos y de tipo char.

boolean b = (10 < 3);

boolean w = (x <= y);

if(x >= y) { }

Operador instanceof

Compara el tipo de clase de una referencia de un objeto.

String str = "Un String";

if(str instanceof String) { } // true

if(srt instanceof Object) { } // true

Comparación de Igualdad: == y !=

Compara tipos primitivos, valores literales y referencias de objetos.

if(abc == 10) { }

boolean b = (xyz != 50);

if(refObj1 == refObj2) { }

Números Enteros:

Operando A: 1

Operando B: 3

Binario de A: 00000001

Binario de B: 00000011

Booleanos:

true & true = true

true & false = false

true ^ true = false

true ^ false = true

false | false = false

false | true = true

Estos operadores no tienen que comprobar toda expresión. Se detiene cuando una de las condiciones se cumple. La expresión de retorno es un valor lógico

```
if( (a>10) && (b<5) ) {

// un código

}

if( (x==y) || (b<5) ) {

// otro código

}

boolean b = x && y || z;
```

También se conoce como operador ternario, ya que funciona con 3 operandos. Se evalúa el primer operando. Si la evaluación devuelve true, se ejecuta el segundo operando. De lo contrario, se ejecuta el tercer operando. El segundo y tercer operando deben ser del mismo tipo (si no, use un cast).

Veamos el código de un operador ternario:

```
int x = 10;

int y = (x > 10) ? x : x+1;
```

Este código es similar al que vemos a continuación:

```
int x = 10;

int y;

if( x > 10 ) {

y = x;

} else {

y = x + 1;

}
```

Estos operadores asignan un nuevo valor a una variable o expresión. El operador = asigna sólo un valor. Los operadores + =, - =, * = y / = calculan y asignan un nuevo valor.

```
int i = 10;

int dos = 1;

dos += 1; // dos = dos + 1;

int cinco = 7;

cinco -= 2; // cinco = cinco - 2;

int diez = 5;

diez *= 2; // diez = diez * 2;

int cuatro = 12;

cuatro /= 3; // cuatro = cuatro / 3;
```

Java permite la conversión entre diferentes tipos, debe ser explícito cuando esta conversión se realiza de un tipo mayor a uno menor (narrowing), puede ser implícito o explícito cuando la conversión se realiza de un tipo menor a uno mayor (widening). La conversión de tipos mayores hacia tipos más pequeños pueden causar una pérdida de precisión y truncamiento.

```
double d = 1.99d;

int i = (int) d; // i recibe el valor 1

short s = 15;
```

long x = s; // conversión widening

long y = (long) s; // no es necesario

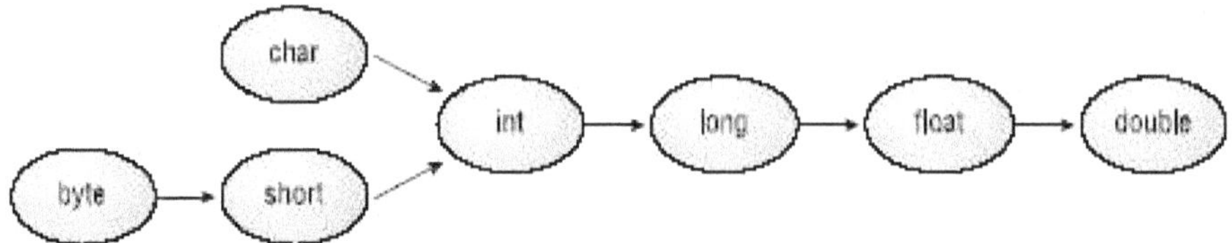

El widening sigue el sentido de las flechas. El narrowing es al revés. Esto ocurre con las operaciones aritméticas entre diferentes tipos primitivos numéricos. El tipo más pequeño se convierte automáticamente al tipo más grande.

```
public class PromocionMatematica {

public static void main( String[] args ) {

double d = 100.99;

int i = 100;

//aqui sucede la promoción matemática

//i es convertido a double y luego es multiplicado

d = d * i;

//al contrario es necesario informar al casting
```

```
long x = 12345;

float pi = 3.14f;

x = x * (long) pi;

// después, simplemente convierte el resultado

x = (long) (x * pi);

}

}
```

Las Estructuras de Control

La cláusula if () / else

```
public class ClausulaIf {

public static void main( String[] args ) {

int edad = 20;

if( edad <= 12 ) {

System.out.println( "Niño" );

}
```

```
if( edad > 12 && edad <= 19 ) {

System.out.println( "Adolescente" );

}

if( edad > 19 && edad <= 60 ) {

System.out.println( "Adulto" );

}

if( edad > 60 ){

System.out.println( "Abuelo" );

}

}

}
```

La cláusula if () / else (con otros operadores)

```
public class ClausulaIf {

public static void main( String[] args ) {

int edad = 20;
```

```
if( edad <= 12 ) {

System.out.println( "Criança" );

}

else if( edad <= 19 ) {

System.out.println( "Adolescente" );

}

else if( edad <= 60 ) {

System.out.println( "Adulto" );

}

else {

System.out.println( "Idoso" );

}

}

}
```

La cláusula Switch()

```
public class ClausulaSwitch {

public static void main( String[] args ) {

int numero = 1;

switch( numero ) {

case 1 :

System.out.println( "UN" );

break;

case 2 :

System.out.println( "DOS" );

break;

case 3 :

System.out.println( "TRES" );

break;

default :

System.out.println( "NINGUNO" );
```

```
break;

}

}

}
```

La cláusula Switch recibe un argumento int.

Bucle While()

```
Public class BucleWhile {

public static void main( String[] args ) {

int i = 0;

//bucle while() con un bloque de código definido

while( i < 10 ) {

System.out.println( "Línea: " + i );

i++;

}

}
```

}

La expresión se evalúa antes de ejecutar el bloque de código y se repite mientras la expresión es verdadera (true).

Los Bucles

El Bucle do / while ()

```
public class BucleWhile {

public static void main( String[] args ) {

int i = 0;

//bucle do / while() con el bloque de código definido

do {

System.out.println( "Linea: " + i );

i++;

} while( i < 10 );

}

}
```

El bloque se ejecuta al menos una vez, la expresión se evalúa la expresión después de la primera repetición.

El Bucle for ()

for(iniciación; condición; incremento) {

bloque_de_código_a_ejecutar

}

```
public class BucleFor {

public static void main( String[] args ) {

for( int i=0; i < 10; i++ ) {

System.out.println( "Linea: " + i );

}

}

}
```

Bucle for () avanzado (Enhanced Loop)

Se definió desde Java 5, con el fin de facilitarle la vida al desarrollador, mediante el ahorro de código, evitando así, errores al atravesar matrices y colecciones (implementaciones java.util.Collection). Es similar al for each () de otras tecnologías. No puede controlar el índice utilizado por el for(), pero usted puede subsanar este problema.

```
public class BucleForAvanzado {

public static void main( String[] args ) {

for( String s : args ) {

System.out.println("Argumento: " + s );

}

List lista = new ArrayList();

}

// añade elementos a la lista

} for( String s : lista ) {

System.out.println( s );

}
```

La cláusula Break

Aborta la ejecución de un bucle cuando se está ejecutando.

```
public class ClausulaBreak {

public static void main( String[] args ) {

char letras[] = { 'A', 'B', 'C', 'D', 'E' };

int i;

for( i=0; i<letras.length; i++ ) {

if( letras[i] == 'C' ) {

break;

}

}

System.out.println( "Último índice: " + i );

}

}
```

La cláusula Break Etiquetada

Aborta la ejecución de un bucle etiquetado cuando se ejecuta.

```
int j = 0, i = 0;

principal1: while( true ) {

for( i=0; i<1000; i++ ) {

if( j == 10 && i == 100 )

break principal1;

}

j++;

}
```

La cláusula continue

Omite la ejecución del siguiente bloque de comandos, en el bucle, cuando se está ejecutando.

```
public class ClausulaContinue {

public static void main( String[] args ) {

char letras[] = { 'B', 'X', 'R', 'A', 'S', 'I', 'L' };

int i;

for( i=0; i<letras.length; i++ ) {
```

```
if( letras[i] == 'X' ) {

continue;

}

System.out.print( letras[i] );

}

}

}
```

La cláusula continue Etiquetada

Omite la ejecución del siguiente bloque de comandos, el bucle etiquetado, cuando se está ejecutando.

```
int i=0, j=0;

principal2: for( j=1; j<10; j++ ) {

for( i=1; i<10; i++ ) {

If( (I % J) == 0 ) {

System.out.println( "i=" + i + " j=" + j );

continue principal2;
```

```
}

}

j++;

}
```

La Programación Orientada a Objetos

El paradigma de la programación Orientación a Objetos es un mecanismo que ayuda a definir la estructura de los programas, sobre la base de conceptos del mundo real, ya sea real o abstracta.

La Orientación a objetos le permite crear programas en componentes, separando las partes del sistema por responsabiledades y haciendo que estas partes se comuniquen entre sí a través de mensajes.

Los conceptos de OO implican: Clases, objetos y sus relaciones, herencia y polimorfismo. Entre las ventajas que ofrece la OO, podemos destacar el aumento de la productividad, la reutilización de código, la reducción de líneas de código de separación de responsabiledades, la encapsulación, el polimorfismo, los componentes, el aumento de la flexibilidad del sistema, entre otros beneficios.

Los sistemas OO pueden ser modelados con la ayuda de UML (Lenguaje de Modelado Unificado). El UML es un lenguaje de modelado para especificar, modelar, visualizar y documentar los sistemas orientados a objetos y no OO, basados en diagramas. UML se compone de:

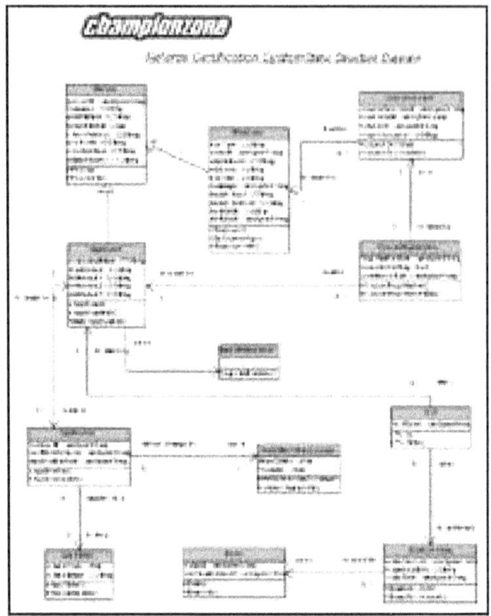

- Diagrama de Secuencia
- Diagrama de Clase
- Diagrama de Objetos
- Diagrama de Casos de Uso
- .... otros ....

Una clase no es más que una descripción de un conjunto de entedades (reales o abstractas) del mismo tipo y con las mismas características y comportamientos. Las clases definen la estructura y el comportamiento de los objetos de un tipo particular. Podemos decir que las clases son en realidad modelos de objetos del mismo tipo.

Propiedades: (mundo real)

- Modelo
- Color
- Motor

Comportamiento: (modelo UML)

- Embragar
- Desembragar
- Cambiar de marcha
- Acelerar
- Frenar

Coche
-Modelo: string-attribute - color: string -Motor: string

+embragar()
+desembragar()
+cambiar de marcha()
+acelerar()
+frenar()

Ahora veremos el código Java de la clase coche, definida por el modelo UML, intentado llevar el modelo UML al mundo real.

```
public class Coche {

String cor;

String modelo;

String motor;

void ligar() {

System.out.println( "Embragando el coche" );

}

void desembragar() {

System.out.println( "Desembragando el coche" );
```

```
./ declaración de la clase

}

void acelerar() {

System.out.println( "Acelerando el coche" );

}

void frenar() {

System.out.println( "Frenando el coche" );

}

void cambiarMarcha() {

System.out.println( "Cambiando la marcha" );

}

}
```

En este código definimos:

- Declaración de las clases
- Declaración de los atributos
- Declaración de los métodos

El Archivo: Coche.java, este archivo con el código fuente siempre tendrá el nombre de la clase, seguido de la extensión .java.

Los Objetos

Un objeto no es más que un caso particular de un tipo de datos específico (clase), es decir, en otras palabras, el objeto es una entidad, del mundo de la informática, que representa a una entidad del mundo real específicamente. El objeto creado se almacena en un área de memoria llamada heap.

Los objetos tienen:

- Estado (atributos / propiedades)
- Comportamiento (métodos / acciones)
- Identidad (cada objeto es único)

Los objetos se comunican entre sí por medio de mensajes y deben tener su responsabilidad bien definida en el sistema.

Para poder crear una instancia (objeto) de una clase podemos hacer como vemos a continuación:

Coche MiCoche = new Coche ();

Donde podemos ver la declaración de la variable que va a guardar una referencia al objeto Coche, luego se crea la instancia del Coche para el objeto de tipo Coche.

Las variables no guardan los objetos, sino que solamente guardan una referencia en el área de memoria en la que se asignan los objetos. Si creamos dos instancias de la clase Coche y asignamos a cada instancia variables diferentes, como vemos a continuación:

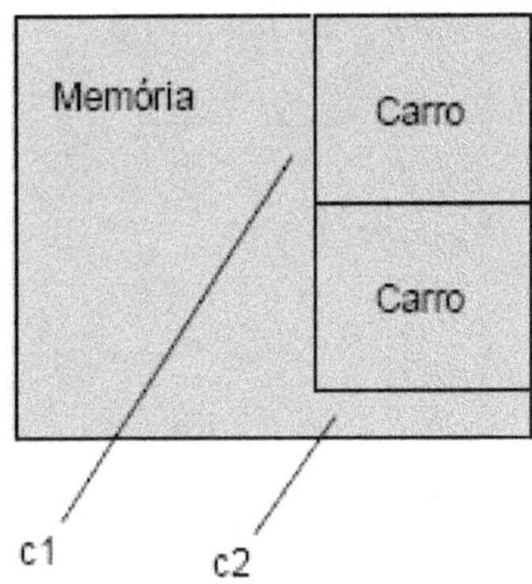

Coche c1 = new Coche( );

Coche c2 = new Coche( );

Ahora imagine dos variables diferentes, c1 yc2, ambas haciendo referencia al mismo objeto. Ahora tendríamos un escenario así:

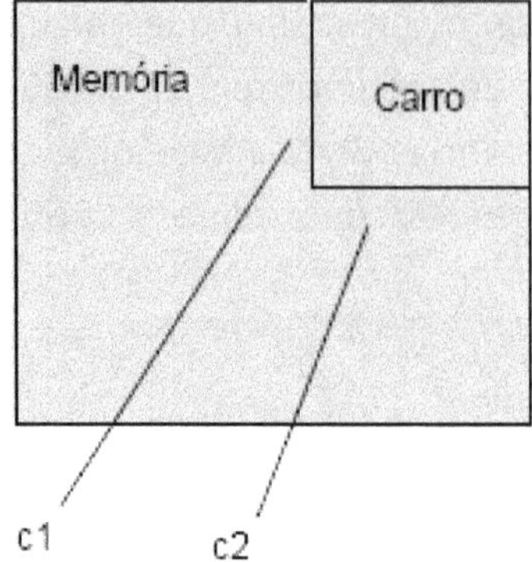

Coche c1 = new Coche( );

Coche c2 = c1;

Utilización de la clase Coche:

class EjemploCoche {

public static void main(String[] args) {

//creando una instancia de la clase Coche

Coche unCoche = new Coche();

//asignando los valores de los atributos

unCoche.modelo = "Golf";

unCoche.cor = "blanco";

```
unCoche.motor = "1.6";

//ejecutando los métodos del objeto

unCoche.embragar();

unCoche.cambiarMarcha();

unCoche.acelerar();

unCoche.frenar();

unCoche.desembragar();

//asignando null a la variable y le dice que ahora

//esta no apunta para ningún lugar

unCoche = null;

}

}
```

Los objetos que ya no son referenciados, son recogidos por el Garbage Collector. El recolector de basura libera la memoria que ya no está en uso. Un objeto que pierde su referencia es elegido para ser recogido, pero no se recoge de forma automática en ese momento.

Cuando un objeto se convierte en elegible por el Garbage Collector:

/ / Objeto creado en memoria

MiObjeto obj = new MiObjeto ();

/ / Referencia Perdida - elegido para ser recogidos por GC

obj = null;

Para forzar la ejecución del recolector de basura:

System.gc ();

Sin embargo, esto no garantiza que el Garbage Collector se ejecutará en ese momento, o que se recojan los objetos sin referencias.

PACKAGE

Los packages (paquetes) sirven para organizar y agrupar las clases por su funcionalidad. Los paquetes se dividen en una estructura de directorio.

package miprograma.utiles;

public class ValidacionDNI {

//...

```
}

package miprograma.registro;

public class RegistroUsuario {

//...

}
```

IMPORT

La importación la utilizamos para declarar que vamos a utilizar las clases de otro paquete. Es similar al include de otros lenguajes, como C/C++, por ejemplo.

```
package miprograma.registro;

import miprograma.utiles.ValidacionDNI;

import java.sql.*; //importa clases JDBC

public class RegistroUsuario { }

//... }

public void registrar( Usuario u ) {

//...
```

```
if( ValidacionDNI.validar( u.dni ) ) {

registrar( u );

} else {

throw new Exception("DNI No válido");

}

//...

}

}
```

```
package miprograma.utiles;

public class ValidacionDNI {

public static boolean

validar (String dni) {

//hacer la validación

}
```

}

IMPORT ESTÁTICO

Desde Java 5 es posible hacer el import estático, es decir, para importar sólo en los métodos o atributos estáticos que ofrece una clase, y usarlos como si fueran métodos locales o atributos de la clase.

```
import static java.lang.Math.*;

public class PruebaImportEstatico {

public static void main(String[] args) {

double d = sen(1);

// El método sen() pertenece

// a la clase Math

}

}

import static java.lang.Math.PI;

public class Calculos {
```

public double areaCircunferencia(double r) {

return PI * r * r;

}

}

Lo importante a destacar es que las clases tienen un nombre y un nombre completo (o fully qualified name). El nombre de la clase es aquella informada en definición de la clase. Por ejjemplo: public class MiClase {}

En este caso el nombre de la clase es MiClase. El nombre completo de la clase incluye el nombre de la clase en toda su jerarquía de paquetes a las que pertenece. Por ejemplo:

package mi.paquete;

public class MiClase { }

En este caso, el nombre completo de la clase es mi.paquete.miClase.

LOS ATRIBUTOS

Los atributos de una clase varían de acuerdo con el alcance del objeto. Son accesibles y están disponibles mientras el objeto esté disponible. Los atributos se inicializan durante la creación del objeto. Durante la creación de los atributos del objeto:

- Los tipos primitivos numéricos reciben el 0 (cero) en la iniciación;
- El tipo char recibe el valor '\ u0000';
- El tipo boolean recibe false;
- Los objetos de referencia reciben null en la iniciación.

Sin embargo, los atributos pueden tener asignado un valor predeterminado definido en su declaración, como en el código que vemos a continuación:

```
class UnaClase {

String valorInicial = "un valor cualquiera";

int i = 1000;

}
```

Los atributos estáticos no necesitan una instancia de la clase para poder ser usados. Estos son compartidos por todas las instancias de la clase y no son thread-safe.

```
class Contador {

static int count = 0;

void incrementar() {

count++;
```

```
}

}

public static void main( String[] args ) {

Contador c = new Contador();

c.incrementar();

System.out.println( Contador.count );

Contador.count++;

System.out.println( c.count );

}
```

LAS CONSTANTES

Las constantes son atributos de una clase que no modifican el valor. El modificador final indica que el atributo es inmutable.

```
public class Matematica {

static final double PI = 3.14159265;

static double areaCircunferencia( double r ) {
```

```
return PI * r * r;

}

static double perimetroCircunferencia( double r ) {

return PI * r;

}

}
```

Los métodos

La utilidad de los métodos es separar, en piezas más pequeñas de códigos, una función particular.

Es aconsejable crear y mantener métodos pequeños, siguiendo una regla básica: Si el método tiene un scroll en la pantalla, mejor dividirlo en métodos más pequeños. Esto hace que sea fácil de leer y entender el código y también de mantenerlo.

Reglas para crear métodos:

- Ser muy claro y tener una función bien definida
- Ser pequeño y fácil de entender
- Ser reutilizables al máximo

La sintaxis para la declaración del método es el siguiente:

<tipo de retorno> <nombre del método>([lista de los atributos]) {

// implementación del método

}

El tipo de retorno dice que tipo de datos devuelve el método. Puede ser un tipo primitivo o un tipo de una clase. Si el método no devuelve nada, debe ser void. El nombre del método puede ser cualquiera. Pero mejor seguir las normas de denominación y dar nombres significativos, preferiblemente verbos en infinitivo.

La lista de atributos no necesita que se le informe si no se pasa ningún argumento. Si es así, los argumentos deben ser informados con su tipo y nombre, separados por comas si hay más de uno.

La palabra reservada return provoca el retorno del método. Cuando los métodos se declaran con el tipo de retorno void, a continuación, el método no puede y no debe devolver nada. Los métodos que devuelven algún valor, deben devolver el tipo de datos de retorno declarado o tipos compatibles. Veamos el ejemplo:

public class PruebaRetorno {

public void noRetornaNada() {

int i = (int)(Math.random() * 100);

```
if( i > 50 ) {

return; //aborta el método

}

System.out.println("OK");

}

int sunAr( int a, int b ) {

return a + b;

}

Coche crearUnCoche() {

Coche c = new Coche();

c.modelo = "Ferrari";

c.color = "Rojo";

c.motor = "5.0 V12";

return c;

}
```

```
}

public class DeclaracionDeMetodo {

public static void main( String[] args ) {

DeclaracionDeMetodo dm = new DeclaracionDeMetodo();

dm.hacerAlgo();

dm.imprimirEnLaPantalla( "Rubén" );

int soma = dm.sunAr( 2, 3 );

Coche miCoche = dm.crearUnCoche();

}

void hacerAlgo() {

//este método no hace nada

}

void imprimirEnLaPantalla( String nombre ) {

System.out.println( "Mi nombre es " + nombre );
```

```
}

int sunAr( int a, int b ) {

return a + b;

}

Coche crearUmCoche() {

Coche c = new Coche();

c.modelo = "Ferrari";

c.color = "Rojo";

c.motor = "5.0 V12";

return c;

}

}
```

Los métodos estáticos no necesitan de una instancia de clase para poder ser usados. Los métodos estáticos pueden llamar a métodos no-estáticos sin una instancia. Los métodos estáticos no son thread-safe.

```
class MetodoEstatico {

public static void main( String[] args ) {

MetodoEstatico me = new MetodoEstatico();

me.metodoNoEstatico();

me.metodoEstatico();

MetodoEstatico.metodoEstatico();

metodoEstatico();

}

static void metodoEstatico() {

//metodoNoEstatico(); //ERRADO

// (new MetodoEstatico()).metodoNoEstatico(); //OK

}

void metodoNoEstatico() {

metodoEstatico(); //OK

}
```

```
}
```

Los constructores

Los constructores no son los métodos, son los constructores. Estos hacen la función de inicio (arranque) del objeto creado. Si no se declara ningún constructor, se creará un constructor por defecto. Se pueden declarar varios constructores, lo que se llama sobrecarga.

```
public class MiClase {

//sin constructor default

}

public class MiClase {

public MiClase() {

//Constructor Default

}

}

public class NumeroFiscal {

private int numero;

public NumeroFiscal() {
```

```
//Constructor Default

this( nuevoNumero() );

}

public NumeroFiscal( int numero ) {

this.numero = numero;

}

public int nuevoNumero() {

int i;

//gera nuevo numero em i

return i;

}

}
```

A continuación veremos el uso de los diferentes constructores:

```
public class Venta {

public Venta() {
```

```
//Constructor Default

}

public void fecharVenta() {

//crea un número NF con un número generado

NumeroFiscal nf = new NumeroFiscal();

//crea un NF con un número definido

NumeroFiscal nf2 = new NumeroFiscal( 12345 );

}

}
```

Pasar parámetros en Java

El paso de parámetros en Java, es por valor (no tiene por referencia), los parámetros modificados dentro de un método no serán modificados fuera de este. El objeto que se pasa como parámetro sólo pasa una copia de la referencia del objeto. La referencia modificada dentro del método no se refleja fuera de ella. La modificación en el estado de un objeto como parámetro, cambiar su condición fuera de este.

```
Coche miCoche = new Coche( );
```

```
miCoche.modelo = "Arosa";

miCoche.color = "Rojo";

miCoche.motor = "1.0 16v";

System.out.println( miCoche.modelo );

realidad( miCoche );

System.out.println( miCoche.modelo );

suenio( miCoche );

System.out.println( miCoche.modelo );

void realidad( Coche c ) {

// yo quiero que esto cambie, pero no cambia!

// c nunca será modificado fuera del método

Coche c2 = new Coche( );

c2.modelo = "Ferrari";

c2.cor = "Rojo";

c2.motor = "4.0";
```

```
c = c2;

}

void suenio( Coche c ) {

// aquí modificamos el estado de los objetos y

// refleja fuera del método, pero es solo un sueño

c.modelo = "Ferrari";

c.color = "Rojo";

c.motor = "4.0";

}
```

Volviendo a la cuestión del paso por valor de tipos primitivos:

Se usan los arrays (el array es un objeto)

```
//...

int[ ] i = { 1 };

modificar( i );
```

```
//...
void modificar( int[ ] i ) {
i[0] = 1234567890;
}
```

En el Java 5 fue introdujo el Vargars, que permite el paso de un número variable de argumentos en un método. Dentro del método, los argumentos variables se tratan como matrices del tipo en el que fueron definidos. En el caso de los ejemplos de a continuación, veremos una matriz de int (int []) o String.

Esta característica facilita el trabajo del desarrollador de tener que crear matrices con valores y pasar métodos.

```
void metodo( int... args ) {
for( int i : args ) {
System.out.println( i );
}
}

void nuevoMetodo( long i, String... args ) {
```

```
for( int s : args ) {

System.out.println( s );

}

}
```

La visibilidad

La visibilidad determina el acceso de los miembros (atributos y métodos) sobre la clase y la propia clase. Debe ser utilizado en la declaración de los miembros y de clase. En total hay cuatro modificadores:

- Public: Pueden ser accedidos por todo el mundo
- Protected: Pueden ser accedidos por subclases y clases del mismo paquete
- Default: Pueden ser accedidos por clases del mismo paquete
- Private: Pueden ser accedidos solo por la propia clase

JavaBeans

JavaBeans son componentes de Java (clases) bien encapsulados y con un propósito específico. A los atributos de JavaBeans no se pueden acceder directamente, sino sólo a través de los métodos get y set. De acuerdo con la encapsulación, los atributos no se pueden modificar directamente.

```
public class Persona {

private String nombre;

private int edad;

public Persona() {}

public void setNombre( String nombre ) {

this.nombre = nombre;

}

public void setEdad( int edad ) {

this.edad = edad;

}

public String getNombre() {

return nombre;

}

public int getEdad() {

return edad;
```

```
}

}
```

Los Arrays

Un array es una colección ordenada de primitivos, referencias a otros objetos y otros arrays. Las matrices en Java son homogéneas, es decir, sólo pueden contiener datos del mismo tipo. Las matrices son objetos y tienen que ser construidos antes de ser utilizados. La matriz se inicia automáticamente cuando se crea.

Pasos para utilizar matrices:

- Declaración
- Creación
- Iniciación

```
int[ ] unArray;

unArray = new int[ 10 ];

unArray[ 0 ] = 0;

unArray[ 1 ] = 999;

short[][] juegoDeLaVieja = new short[3][3];

double[] d = { 1.0d, 0.99, 3.14 };
```

```
Coche[ ] valores = new Coche[10];

valores[0] = new Coche( );

valores[1] = new Coche( );

//...

valores[9] = new Coche( );

valores[1].modelo = “Seat”;

valores[1].color = “Rojo”;

valores[1].motor = “1.0”;
```

Podemos recorrer la matriz de forma automática mediante el bucle for (). El índice de la matriz va de 0 (cero) a 1-N (donde N es el tamaño de la matriz). Otra forma de desplazarse por los elementos de la matriz es a través del enhanced for.

```
public class RecorriendoArray {

public static void main( String[] args ) {

double[] precios = new double[100];

//aquí sabemos el tamaño del array (fijo)
```

```
for(int i=0; i<100; i++) {

precios[i] = Math.round(Math.random() *

10000) / 100.0;

}

//aquí no importa el tamaño (variable)

for(int i=0; i<precios.length; i++) {

precios[i] = i * 0.9;


// Los arrays no cambian de tamaño.

// Acceden a un índice inexistente del

// array que causa una excepción del tipo:

// ArrayIndexOutOfBoundsException


}

//enhanced for loop
```

```
for(double p: precios)

System.out.println(p);

}

}
```

La Herencia

La herencia es una característica de la programación orientada a objetos que permite que las clases (hijas) hereden y extiendan la funcionalidad y características de otras clases (padres). Una subclase (clase hija) es una especialización de su superclase (clase padre). Esta es una relación de tipo "es un". La subclase "es una" superclase. En Java, la herencia se logra a través de la palabra se extends. Cada clase, por defecto, se extiende de la clase java.lang.Object. Todos los métodos y atributos (públicos y protegidos) son heredados por la subclase (hija). Los constructores no se heredan.

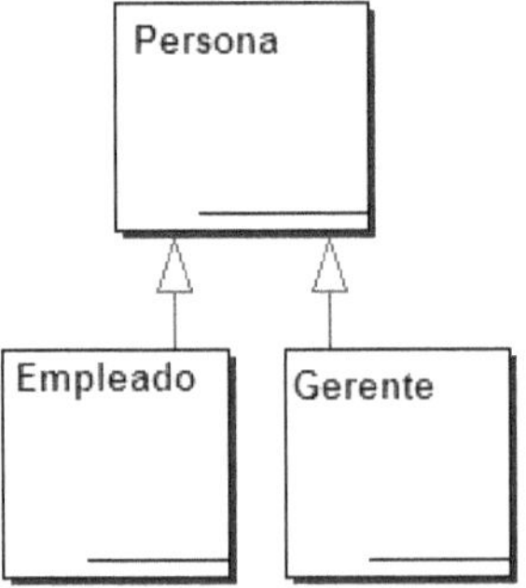

Veamos un ejemplo:

class MiClase {

}

class MiClase

extends Object {

class ClaseA {

}

class ClaseB

extends ClaseA {

}

Java no permite la herencia múltiple, es decir, una clase hereda de una sola clase. La palabra super hace referencia a la superclase. El constructor de la superclase se llama automáticamente si no se realiza otra llamada.

public class Persona {

protected String nombre;

```
protected String dni;

public Personoa() {}

}

public class Empleado extends Persona {

public Empleado() {

super(); //sucede automáticamente

}

}

public class Gerente extends Persona {

}
```

Aprovechando las ventajas de la herencia:

Todas las clases son subtipos de la clase Persona. Podemos decir que el Empleado y el Gerente son personas.

```
public class PruebaHerencia {

public static void main( String[] args ) {

Persona p = new Persona();

Persona e = new Empleado();

Persona g = new Gerente();

}
```

```
}
```

A continuación vamos a mejorar el modelo, elegimos al Gerente en lugar del Empleado para ser definido como un empleado.

```
public class Gerente extends Empleado {

}

public class RH {

public static void main(String[] args) {

Gerente chefe = new Gerente();

Empleado emp = new Empleado();

pagarSalario( jefe );

pagarSalario( emp );

promoverEmp( jefe, emp );

}

public static void pagarSalario( Empleado e ) {

//hacer envío del pago del salario

}
```

```
public static void promoverEmp( Gerente g, Empleado e ) {

//Solo un gerente puede promover un Empleado

}

}
```

Sobreescribir los métodos heredados (Overloading)

```
public class ClaseA {

public void metodo1() {

System.out.println("ClaseA.metodo1()");

}

}

public class ClaseB extends ClaseA {

public void metodo1() {

System.out.println("ClaseB.metodo1()");

}

public void metodo2() {
```

```
System.out.println("ClaseB.metodo2()");

}

}


public class PruebaAB {

public static

void main(String[] args) {

ClaseA a = new ClaseA();

a.metodo1();

a = new ClaseB();

a.metodo1();

ClaseB b = new ClaseB();

b.metodo1();

b.metodo2();

}
```

}

Así como tenemos la conversión de tipos primitivos, también podemos hacer la conversión de objetos. Podemos convertir los tipos, basándonos en la topología de la jerarquía de clases y subclases. Los subtipos pueden ser fácilmente convertidos a sus supertipos sin conversión explícita. Cuando se pasa de un supertipo a un subtipo, el objeto debe ser obligatoriamente de subtipo. Veamos un ejemplo:

//...

Object obj = new String("Texto");

String str = (String) obj;

Persona p = new Gerente();

Empleado e = (Empleado) p;

Gerente g = (Gerente) p;

Empleado emp = (Gerente) p;

//Gerente jefe = new Empleado(); //ERROR

La sobreescritura (overloading) se produce cuando un método de una superclase es reemplazado por un método del mismo nombre en una subclase. Los métodos sustituidos de la subclase no pueden tener un modificador más restrictivo que el modificador del método de su superclase. Veamos un ejemplo:

```
public class ClaseA {

public void metodo1() {

System.out.println("ClaseA.metodo1()");

}

}

public class ClaseB extends ClaseA {

public void metodo1() {

System.out.println("ClaseB.metodo1()");

}

}
```

La Sobrecarga (Overloading)

La sobrecarga (overloading) ocurre cuando se implementa más de un método con el mismo nombre. La sobrecarga sólo se puede diferenciar por los argumentos del método.

```
public class ValidacaoDNI {
```

```
public boolean validar(String dni) {

return validar( Integer.parseInt( dni ) );

}

public boolean validar(int dni) {

//hace las verificaciones del DNI

return false;

}

public boolean validar(int dni, int digito) {

return validar( (dni*100) + digito );

}

}
```

THIS Y SUPER

Las palabras reservadas this y super son muy importantes y útiles. this referencia a la propia instancia dentro de su clase. No se puede utilizar en métodos estáticos. super hace referencia a la superclase de una clase. Veamos un ejemplo:

```
public class SuperClase {

public void executar() {

}

}

public class ThisESuper extends SuperClase {

private int var1;

public static void main(String[] args) {

ThisESuper ts = new ThisESuper();

ts.metodo1();

}

public ThisESuper() {

super(); // llama al constructor de la superclase

}

public void metodo1(int i) {

this.var1 = i;
```

```
//ejecuta el método ejecutar de la superclase

super.executar();

}

}
```

Las Clases Internas

Las clases internas (Inner Class) también se denominan clases anidadas.

Las clases internas son clases normales, pero están definidas dentro de una clase o método. Las clases internas que no están declarados dentro de los métodos se llaman clases miembro. En este caso, los nombres completos de las clases son: OuterClass e OuterClass.InnerClass. Veamos el ejemplo:

```
public class OuterClass {

private int x;

public class InnerClass {

private int y;

private void innerMethod() {

System.out.println( "y = " + y );
```

```
}

}

public void outerMethod() {

System.out.println( “x = ” + x );

}

}
```

Las clases internas necesitan una instancia de la clase externa para ser creadas. Las clases externas actúan como el contexto de las clases internas. Las clases internas pueden tener acceso a los miembros de su clase externa, como si fuera su instancia. Veamos el ejemplo:

```
public class OuterClass {

private int x;

public class InnerClass {

private int y;

private void innerMethod() {

System.out.println( “x (externo) = “ + x );

System.out.println( “y = ” + y );
```

```
outerMethod( );

}

}

public void outerMethod() {

System.out.println( “x = ” + x );

}

}
```

Para crear una instancia de una clase interna, o un método estático de otra clase, debemos hacer lo siguiente:

```
OuterClass o = new OuterClass();

InnerClass i = o.new InnerClass();
```

Para crear una instancia de una clase interna dentro de su clase externa, debemos hacer los siguiente:

Las clases internas estáticas pertenecen a la clase externa, en lugar de una instancia del objeto de la clase exterior, en particular. Es decir, que no necesitan una instancia de su clase externa.

```
public class OuterClass {

public static class StaticInnerClass {

}

public static void main( String[] args ) {

StaticInnerClass sic = new OuterClass.StaticInnerClass();

}

}
```

Los métodos de las clases internas no se consideran miembros de la clase, son sólo locales en el método. Estas clases tienen acceso a los miembros de su clase externa, así como a las variables locales y a los parámetros del método, que estén marcadas como final.

```
public class OuterClass {

private int m = 10;

public void hacerAlgo( int a, final int b ) {

class MethodInnerClass() {

public void metodo() {

System.out.println( “m = “ + m );
```

```
System.out.println( "b = " + b );

System.out.println( "y = " + y );

}

}

MethodInnerClass mic = new MethodInnerClass();

mic.metodo();

}

}
```

Las Clases Anónimas

Las clases anónimas son las clases que no tienen un nombre. Estas extienden una clase o implementar una interfaz. No está permitido extender una clase e implementar una o más interfaces de forma simultánea. La definición, creación y el primer uso se producen en el mismo lugar. Son en normalmente muy usados con los controladores Listener y Action de los paquetes SWING y AWT. Veamos un ejemplo:

```
public void unMetodo( ) {

jButton1.addActionListener(
```

```
new ActionListener() {

public void actionPerformed( ActionEvent e ) {

System.out.println( “Sucedió una acción” );

}

}

}

Object o = new JButton() {

// extension de la clase JButton

};
```

Ejemplo de la clase anónima:

```
public class MiClase( ) {

public MiClase() {

//Constructor default

}
```

```
public MiClase( String s ) {

//Constructor con parámetros

}

}

MiClase m = new MiClase() {

};

MiClase m2 = new MiClase( "prueba" ) {

};
```

Ambos son subclases de MiClase, pero cada uno comienza de manera diferente (diferentes constructores). Cuanto más genéricas, las clases pueden llegar a ser muy abstractas, en la jerarquía de clases. La clase llega a ser tan genérico que no necesita una instancia de la misma en la aplicación. Esta clase termina sirviendo como modelo para sus subclases. Estas son las clases abstractas. La clase abstracta puede tener métodos implementados, pero debe tener por lo menos un método abstracto, es decir, debe implementar un método que una subclase concreta. Las clases abstractas no pueden crear instancias.

Imagine un sistema de envío de mensajes de tipo texto y fax. No tendría sentido tener una instancia de Mensaje, pero si uno de MensageTexto o MensageFax.

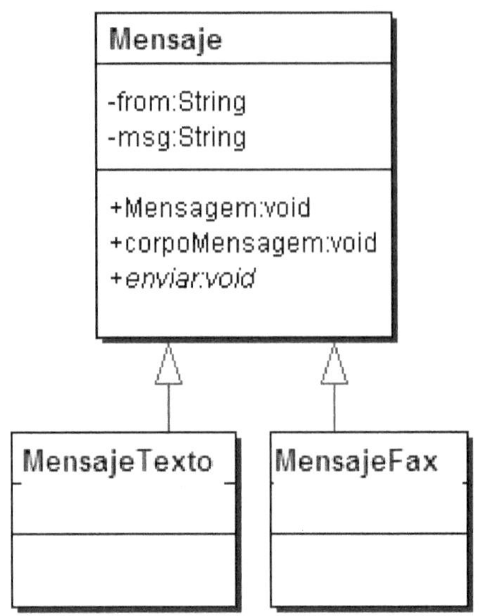

Mensaje
-from:String
-msg:String
+Mensagem:void
+corpoMensagem:void
+enviar:void
MensajeTexto
MensajeFax

```
public abstract class Mensaje {

private String from;

private String msg;

public Mensaje( String remitente ) {

from = remitente;

}

}

public void corpoMensaje(String msg) { }

this.msg = msg; }

}

public abstract void enviar();

}

public class MensajeFax extends Mensaje {

public MensajeFax( String remitente ) {

super( remitente );
```

```
}

public void enviar() {

//envia uma Mensaje de fax

}

}

public class ServicoMensagens {

public static void main(String[] args) {

Mensaje m = new MensajeTexto("Miguel");

m.corpoMensaje("Mensaje de prueba TXT");

m.enviar();

m = new MensajeFax("Miguel");

m.cuerpoMensaje("Mensaje de prueba FAX");

m.enviar();

}

}
```

```
public class MensajeTexto extends Mensaje {

public MensajeTexto( String remitente ) {

super( remitente );

}

public void enviar() {

//envía una Mensaje de texto

}

}
```

Las Interfaces

Las interfaces actúan como un contrato para las clases que las implementan. Las interfaces definen los métodos que deben ser proporcionados por las clases. Las clases que implementan esta interfaz deben proporcionar una implementación para cada método definido en la interfaz. Las clases pueden implementar más de una interfaz. Puede utilizar interfaces para utilizar las funciones de devolución de llamada. Veamos un ejemplo:

```
interfaz pública {Figura

Cada clase implementa la
```

doble pública calcularArea ();

método en su propia manera. Pero

}

```
public interface Figura {

public double calcularArea();

}

public class Circulo implements Figura {

public double calcularArea() {

//faz o cáculo da área do círculo

}

}

public class Quadrado implements Figura {

public double calcularArea() {

//faz cálculo da área do quadrado
```

}

}

Cada clase implementa el método a su manera. Pero lo más importante es que estos ofrezcan una implementación para el método de la interfaz. Las interfaces son adecuadas para definir formas (interfaces) de acceso a subsistemas, escondiendo detalles de su implementación. Veamos un ejemplo de interfaz:

Figura fig = new Circulo(10);

double area = fig.calcularArea();

fig = new Cuadrado(8);

area = fig.calcularArea();

*** La interfaz de Java no tiene nada que ver con las GUI.

Ahora, vamos a ver un ejemplo más práctico del uso de interfaces en Java:

public interface RegistroUsuario {

public void insertar(Usuario usr) throws Exception;

}

```
public class RegistroUsuarioBanco implements RegistroUsuario {

public void insertar( Usuario usr ) throws Exception {

// inserta los datos en la base de datos

}

}

public class RegistroUsuarioArchivo implements RegistroUsuario {

public void insertar( Usuario usr ) throws Exception {

// inserta los datos en el archivo

}

}

//...

RegistroUsuario cad = new RegistroUsuarioBanco();

cad.insertar( usuario );

cad = new RegistroUsuarioArquivo();

cad.insertar( usuario );
```

//...

Las Enumeraciones

Otra característica agregada la versión 5 de Java fueron las enumeraciones de tipo seguro (Type Safe Enums), que le permite crear enumeraciones en Java, al igual que existen en otras tecnologías. Se define por la palabra reservada enum, y cada elemento de la enumeración está representada por un objeto del mismo tipo del Enum.

La definición de una enumeración no es más que la definición de un tipo especial de clase. Si estuvieran en otro paquete, se deberían importar como cualquier otra clases normal.

```
public enum Cargo {

PROGRAMADOR, ANALISTA, ARQUITECTO, COORDINADOR

}

Cargo c = Cargo.PROGRAMADOR;

Cargo x = Enum.valueOf( Cargo.class, “ANALISTA” );

for( Cargo y : Cargo.values() ) {

System.out.println( y );
```

```
}
```

Las enumeraciones también pueden contener información y métodos adicionales.

```
public enum Cargo {

PROGRAMADOR( 1000 ),

ANALISTA( 2000 ),

ARQUITECTO( 3000 ),

COORDINADOR( 4000 );

Cargo( int salario ) {

this.salario = salario;

}

private int salario;

public int getSalario() {

return this.salario;

}

}
```

Cargo c = Cargo.PROGRAMADOR;

System.out.println(c + ": " + c.getSalario());

El Control de Errores

El lenguaje Java proporciona un mecanismo valioso para el control y manejo de errores del programa, llamada manejo de excepciones. En Java, cualquier error se llama excepción.

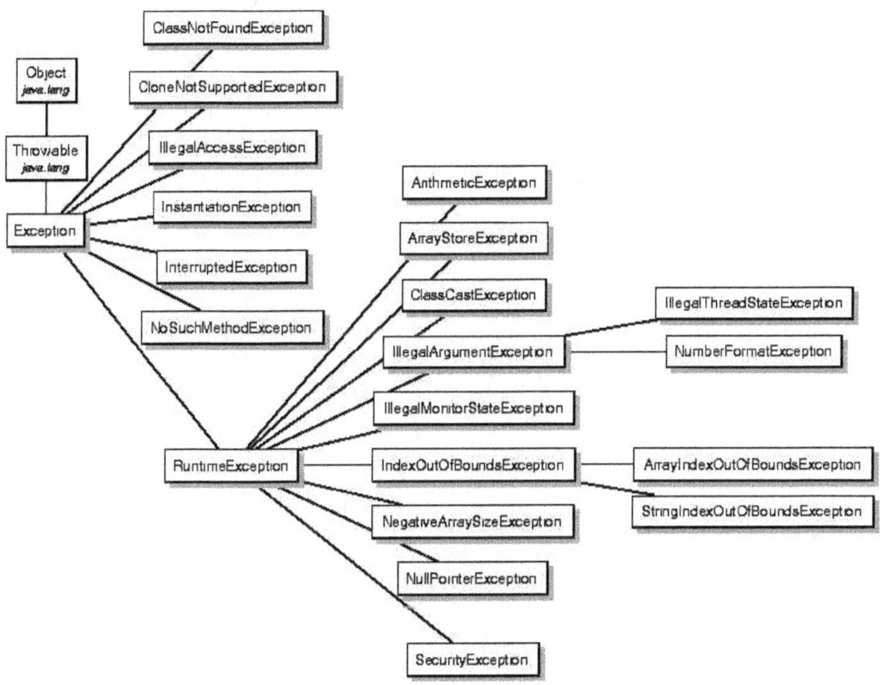

El mecanismo de gestión de errores de Java se lleva a cabo mediante las directivas try, catch y finally. La sintaxis de estas directivas es:

```
try {

código_a_ser_ejecutado

}

catch( Excepcion ) {

código_de_tratamiento_de_errores

}

finally {

código_siempre_ejecutado

}
```

Pueden existir múltiples bloques catch en el tratamiento de errores. Cada uno para un tipo específico de Exception.

```
public class TratamientoDeErrores {

public static void main( String[] args ) {

// array de 6 posiciones

int[] array = {0, 1, 2, 3, 4, 5};

try {
```

```
for(int i=0; i<10; i++ ) {

array[i] += i;

System.out.println("array[" + i + "] = " + array[i]);

}

System.out.println("Bloque ejecutado con éxito");

}

catch( ArrayIndexOutOfBoundsException e ) {

System.out.println("Accedió a un índice inexistente");

}

catch( Exception e ) {

System.out.println("Sucedió otro tipo de excepcion");

}

finally {

System.out.println("Esto SIEMPRE se ejecuta");

}
```

```
}

}
```

Cada error o condición especial en Java es una subclase de la clase Throwable. Pero hay 3 tipos diferentes de errores:

- Runtime Error (java.lang.Runtime): Los errores en tiempo de ejecución se deben a errores en el programa, que desconocemos, es decir, una condición especial que no habíamos imaginado. Los errores en tiempo de ejecución son subclases de la clase Runtime, que es una subclase de Excepción.
- System (java.lang.Error): Los errores del sistema son errores impredecibles causados por fallas en el sistema, tales como el acceso al disco, el error de la base de datos y así sucesivamente. Estos errores son subclases de la clase Error.
- Custom Error (java.lang.Exception): Los errores personalizados son los errores o las condiciones especiales establecidas en el programa. Esos errores son subclases de la clase Exception.

Queremos controlar los errores de la lógica de una aplicación. Imagine un control para una aplicación de banca, donde se controlan las deudas en una cuenta corriente. Un posible escenario es el cliente tratando de hacer una incursión en el cajero automático, por encima del valor de su saldo. Podríamos tratar este caso como una excepción. Para ello, podemos crear nuestra propia clase de excepción, llamada SaldoInsuficienteException, que deberá ser una subclase de Exception. Cuando nuestra aplicación identifica el escenario anterior, podemos lanzar nuestra excepción y tratarla. Veamos el ejemplo:

```
try {

if( saldo < valorRetirada ) {

throw new SaldoInsuficienteException( );

}

reducirValorEnLaCuenta( valorRetirada );

}

catch( SaldoInsuficienteException e ) {

System.out.println( “No tiene el Saldo suficiente para retirar dinero” );

}
```

La directiva throw arroja un error, por lo que un bloque catch lo captura y realizar el tratamiento necesario.

Imagínese que nuestra clase tiene un método atómico, es decir, una función específica para ser ejecutado con éxito o abortada en su interior. En lugar de hacer el tratamiento de errores dentro del método, podemos hacer que el método en sí delegue el error al método que lo llamó. El ejemplo anterior es un buen ejemplo de esto. Imagine el siguiente método:

```
public boolean retirarDinero( double valorRetirada )

throws SaldoInsuficienteException {

if( saldo < valorRetirada ) {

throw new SaldoInsuficienteException();

}

reducirValorEnLaCuenta( valorRetirada );

return true;

}
```

Ahora el método es más simples, sin las directivas try/catch/finally. Ahora, podemos tratar el error en un nivel más alto, o sea, donde el método retirarDinero( ) fue llamdo. Por ejemplo:

```
try {

retirarDinero( 10000.0 );

}

catch( SaldoInsuficienteException e ) {
```

System.out.println("No tiene el Saldo suficiente para retirar dinero");

}

La directiva throws pasa un método lanzado dentro del método y que no fue tratado por ningún bloque catch dentro de este. Veamos la creación de nuestra Excepción personalizada:

public class SaldoInsuficienteException extends Exception {

public SaldoInsuficienteException() {

super();

}

public SaldoInsuficienteException(String msg) {

super(msg);

}

}

El paquete lang

Este es el paquete esencial de Java, y contiene las clases principales de las operaciones de Java. El compilador importa automáticamente las clases de este paquete. Tiene clases importantes como Object, String, StringBuffer, Math y clases wrapper.

Clase: Object

Es la clase base de Java, último antecesor de todas las otras clases. Todas las clases tienen todos los métodos de la clase Object. Tienen los métodos wait (),notify () y notifyAll () que soporta el control de threads, además de los métodos equals () y toString ().

Clase: Math

La clase Math tiene un conjunto de métodos y 2 constantes para soportar el cálculo matemático. La clase es final y no puede extenderse. El constructor es private, por lo tanto, no se pueden crear instancias. Las constantes: Math.PI y Math.E contienen el método para el cálculo: el valor absoluto, redondeando hacia arriba y abajo, comparando el valor más alto y el más bajo, números aleatorios, el redondeo, el seno, el coseno, la tangente, y la raíz cuadrada. Estas clases encapsulan cadenas de Unicode (16 bits) y admite caracteres en alfabetos internacionales.

CLASE: STRING

La clase String mantiene una cadena inmutable. Una variable de la clase String apunta a un área de memoria que contiene la cadena. Esta clase tiene muchos métodos para la manipulación de cadenas.

String str = "String 1";

String texto = str;

str = "Nuevo String";

if(str.equals(texto)) {

//No es igual

}

str = str.concat(" con nuevo texto");

CLASE: STRINGBUFFER

Un objeto de la clase StringBuffer representa una cadena que se puede modificar de forma dinámica. Es ideal para el manejo de grandes cantidades de textos.

StringBuffer sb = new StringBuffer("Esto es un String");

sb.append(" dentro de un StringBuffer");

```
sb.insert( 11, “grande” );

StringBuffer rev = new StringBuffer( “12345” );

rev.reverse();
```

Clases Wrapper (envoltorios)

Cada tipo primitivo de Java tiene una clase wrapper correspondiente. Esta clase encapsula un valor de tipo primitivo y es inmutable.

```
boolean b = false;

Boolean wB = new Boolean( b );

wB = new Boolean( “true” );

Integer wInt = new Integer( 12345 );

wInt = new Integer( “123” );

int i = wInt.intValue();

if( Character.isDigit( ‘1’ ) ) {}

Long wLong = Long.valueOf( “23L” );

Long xLong = new Long( “33” );

//comparación
```

```
if( wLong.equals( xLong ) ) {}
```

Antes de Java 5, la manipulación de datos entre tipos primitivos y la clase wrapper era muy laboriosa y aburrida. A partir de Java 5 se introdujo el concepto de Auto Boxing y Unboxing, que permite la conversión de tipos primitivos en wrappers y viceversa, de una manera mucho más intuitiva y productiva. Este concepto también se aplica al paso de parámetros a los métodos.

Antes hacíamos esto:

```
int x = 10;

Integer i = new Integer(x);

Integer y = x + i.intValue();

x = i.intValue();

i = new Integer(y);
```

Ahora podemos hacer esto:

```
int x = 10;

Integer i = x;

Integer y = x + i;

x = i;
```

i = y;

EL PAQUETE JAVA.UTIL

El paquete java.util contiene clases del framework collections, modelo de eventos, fecha, hora, internacionalización y clases de otras utilidades (StringTokenizer, etc.)

COLECCIONES (COLLECTIONS)

La interfaz Collection es la interfaz base para todas las clases que implementan una colección. Define métodos para agregar elementos, borrar la colección, eliminar elementos, modificar matrices, recorrer en iteración por los elementos, ver el tamaño y etc.

VECTOR

La clase Vector representa una matriz escalable. Se puede acceder a esta mediante un índice. El vector está sincronizado, es decir, que sincroniza el acceso de procesos concurrentes. El vector puede almacenar diferentes tipos de objetos, al mismo tiempo que recibe un objeto como argumento.

Vector vec = new Vector( );

Iterator it = vec.iterator( );

while(it.hasNext( )) {

String str = (String) it.next( );

}

ArrayList

Esta clase es muy similar a la clase Vector, pero no está sincronizada, por lo tanto, es más rápida.

ArrayList list = new ArrayList( );

list.add("String 1");

list.add("String 2");

list.add("String 3");

Iterator it = list.iterator( );

while(it.hasNext( )) {

String str = (String) it.next( );

}

LIST

El Vector, ArrayList, LinkedList y otras clases implementan la interfaz List. Estas colecciones pueden acceder a los métodos comunes de la interfaz List.

```
List lst = new Vector( );

List lst2 = new ArrayList( );

//...
```

HASHTABLE

El Hashtable guarda valores con la clave y el valor, no permitiendo los valores null. Para recuperar un valor, se llama por su nombre (key). Usted puede capturar una Enumeration con todas las claves de la colección.

```
Hashtable numbers = new Hashtable();

numbers.put("one", new Integer(1));

numbers.put("two", new Integer(2));

numbers.put("three", new Integer(3));

Integer n = (Integer)numbers.get("two");

if(n != null) {

System.out.println("two = " + n);

}

Enumeration e = numbers.keys();
```

```
while( e.hasMoreElements() ) {

String key = (String) e.nextElement();

System.out.println(key+"="+numbers.get(key));

}
```

PROPERTIES

Esta clase es una colección de propiedades, del tipo de clave y valor. Los datos pueden ser escritos o leídos de un Stream. Cada clave de la propiedad tiene un valor único. Esta clase extiende la clase Hashtable.

```
import java.io.*;

import java.util.*;

public class Properties {

public static void main( String[] args ) {

File f = new File("C:\\prueba.prop");

FileInputStream fis = null;

try {

fis = new FileInputStream( f );
```

```
Properties prop = new Properties( );

prop.load( fis );

Enumeration e = prop.keys();

while( e.hasMoreElements() ) {

String chave = (String) e.nextElement();

System.out.println( chave + "=" + prop.getProperty(chave) );

}

} catch( Exception e ) {

e.printStackTrace();

} finally {

if( fis != null ) try { fis.close(); } catch(Exception e) {}

}

}

}
```

Guardar datos de una propiedad:

```
import java.io.*;

import java.util.*;

public class Properties2 {

public static void main( String[] args ) {

File f = new File("C:\\prueba.prop");

FileOutputStream fos = null;

FileInputStream fis = null;

try {

fis = new FileInputStream( f );

Properties prop = new Properties( );

prop.load( fis );

fis.close();

prop.setProperty( "d", "D" );

prop.setProperty( "e", "E" );

fos = new FileOutputStream( f );
```

```
prop.store( fos, null );

} catch( Exception e ) {

e.printStackTrace();

} finally {

if( fos != null ) try { fos.close(); } catch(Exception e) {}

}

}

}
```

StringTokenizer

Esta clase le permite romper una cadena en tokens (palabras), por el carácter de tabulación.

```
StringTokenizer st = new StringTokenizer("Esta es una prueba");

while( st.hasMoreTokens() ) {

System.out.println( st.nextToken() );

}
```

```
StringTokenizer st = new
StringTokenizer("otra;prueba;de:la;clase",";");

while( st.hasMoreTokens() ) {

System.out.println( st.nextToken() );

}
```

Date

La clase Date representa un determinado instante de tiempo, medido en milisegundos. El tiempo en milisegundos se calcula a partir del día 01/Ene/1970.

```
Date ahora = new Date (); / / Hora
```

GregorianCalendar

Esta clase es una implementación concreta de la clase java.util.Calendar, y ofrece métodos y funciones para manipular las fechas en el formato del calendario gregoriano.

```
Calendar calendar = new GregorianCalendar();

Date trialTime = new Date();

calendar.setTime(trialTime);

System.out.println("ERA: " + calendar.get(Calendar.ERA));
```

```
System.out.println("YEAR: " + calendar.get(Calendar.YEAR));

System.out.println("MONTH: " + calendar.get(Calendar.MONTH));

System.out.println("WEEK_OF_YEAR: " +
calendar.get(Calendar.WEEK_OF_YEAR));

System.out.println("WEEK_OF_MONTH: " +
calendar.get(Calendar.WEEK_OF_MONTH));

System.out.println("DATE: " + calendar.get(Calendar.DATE));

System.out.println("DAY_OF_MONTH: " +
calendar.get(Calendar.DAY_OF_MONTH));

System.out.println("DAY_OF_YEAR: " +
calendar.get(Calendar.DAY_OF_YEAR));

System.out.println("DAY_OF_WEEK: " +
calendar.get(Calendar.DAY_OF_WEEK));

System.out.println("DAY_OF_WEEK_IN_MONTH: " +

calendar.get(Calendar.DAY_OF_WEEK_IN_MONTH));

System.out.println("AM_PM: " + calendar.get(Calendar.AM_PM));

System.out.println("HOUR: " + calendar.get(Calendar.HOUR));
```

```
System.out.println("HOUR_OF_DAY: " + calendar.get(Calendar.HOUR_OF_DAY));

//...
```

GENERICS

Los generics se introdujeron en Java 5, para ayudar a los desarrolladores a escribir códigos más claros, concisos y disminuir la aparición de errores en tiempo de ejecución, sobre todo durante la manipulación de colecciones de objetos (ClassCastException).

Con generics se puede definir con qué tipo de datos vamos a trabajar en una colección o lista particular. En el siguiente ejemplo, implementado sin el uso de generics, añadimos cualquier tipo de objeto en la lista y cuando lo recuperamos, esperamos un tipo determinado de objeto, que puede venir a través de una ClassCastException, como en la línea 4, que es lo más habitual.

```
List l = new ArrayList();

l.add( new Integer(1) );

l.add( new Double(2.0) );

Integer i = (Integer) l.get(1);
```

Los generics eliminan este problema, y la comprobación de tipos se realiza en tiempo de compilación, no en tiempo de ejecución, evitando problemas futuros.

```
List l = new ArrayList();

l.add( new Integer(1) );

l.add( new Double(2.0) );

Integer i = (Integer) l.get(1);
```

Incluso podemos definir clases (tipos) que también admiten el uso de generics para definir el tipo de objeto de que funcionen.

```
public class ListaConectada<T> {

public <T> buscar( int i ) {

//busca y devuelve el item

}

public void anadir( <T> t ) {

// añade elemento

}

public void eliminar( <T> t ) {
```

// elimina el elemento

}

}

Los archivos Jar

Los archivos jar son una forma de empaquetar las clases de una API o aplicación. JAR significa Java Archive. En lugar de tener varias clases sueltas y dispersas, podemos agruparlos todos en un solo archivo jar. El archivo Jar no es más que un archivo zip con la extensión Jar. El archivo Jar viene en el JDK y nos ayuda en la generación de paquetes jar.

Para crear el archivo jar, ejecute el siguiente comando:

jar -cf nombre-do-jar.jar *.class

De esta manera creamos un nuevo archivo llamado "nombre-archivo.jar" con todas las clases de Java dentro de este. Se pueden añadir más archivos al archivo jar, más allá de las clases java. Para empaquetar los archivos en un Jar podemos incluir el Jar en la ruta de la clase del programa:

java –cp nombre-do-jar.jar ClasePrincipal

Dónde ClasePrincipal es la clase que contiene el archivo jar. Al igual que todos los archivos dentro del archivo Jar, estará en la ruta de la clase (classpath), podemos acceder desde dentro de java de la siguiente manera:

getClass().getResourceAsStream(“nombre-del-archivo”);

La documentación en Java .javadoc

El proceso de documentación debería ser intrínseco al proceso de creación del código fuente. Este debe documentar todo el proceso de creación del código, la funcionalidad, las entradas y salidas, los posibles errores y los posibles efectos colaterales.

Java tiene una herramienta, parte de la JSE, que facilita la creación de documentos a partir de la documentación realizada en el mismo código fuente, Javadoc. El Javadoc, en general, puede ser creado por la propia IDE de desarrollo o desde la línea de comandos.

Para crear la línea de comandos Javadoc, ejecute el comando javadoc que viene con el JDK.

Entrada y Salida

La I/O (entrada y salida) de Java se puede manipular fácilmente con las clases del paquete java.io, Trabajar con flujos de datos (data streams), la serialización y los sistemas de archivos. Actualmente existe un nuevo paquete, llamado java.nio (New I/O), que es una extensión del paquete de I/O estándar, pero no vamos a estudiarlo en este libro.

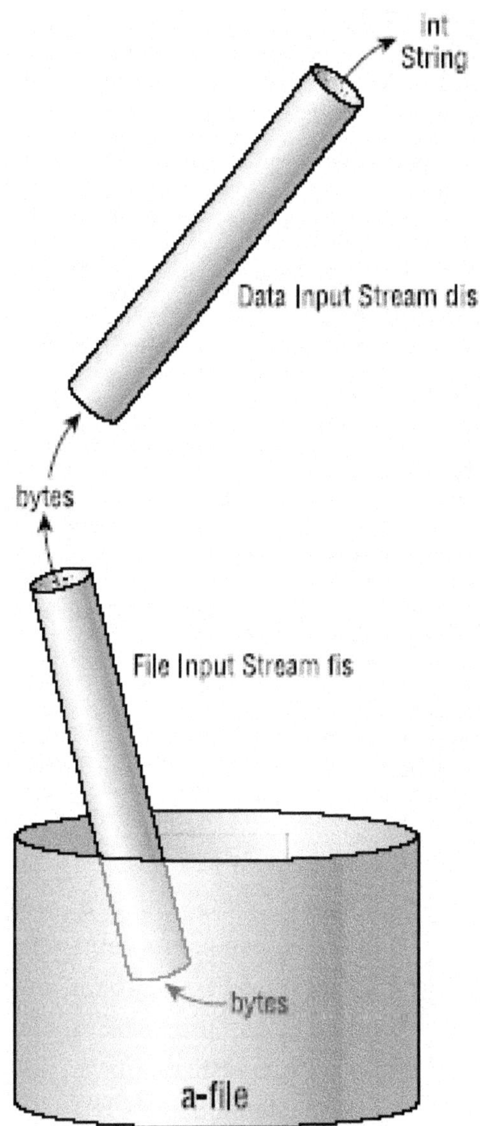
int
String
Data Input Stream dis
bytes
File Input Stream fis
bytes
a-file

FILE

Esta clase es una representación abstracta de un archivo o directorio de los sistemas de archivos.

```
File arch = new File("C:\\texto.txt");

//arq representa al archivo texto.txt

File dir = new File("C:\\tmp");

//dir representa el directorio c:\tmp

if( dir.exists() && dir.isDirectory() ) {

String[] arqs = dir.list(); //lista de los archivos

}
```

La clase File proporciona métodos comunes para verificar que existe la ruta de acceso en la máquina local, crear o eliminar el directorio/fichero con el nombre especificado, obtener la ruta completa del directorio/fichero, hace una lista de todos los archivos en la ruta del directorio, comprueba las propiedades del archivo (data, readonly, etc) y otras características. Java utiliza dos representaciones de textos: Unicode internamente y UTF para I/O.

No accederemos a los datos de estos archivos directamente. Para ello vamos a utilizar los streams (flujos) de entrada y salida de datos, de la clase RandomAccessFile o de los

RandomAccessFile

La clase RandomAccessFile ofrece la posibilidad de acceder a los archivos de forma no secuencial, accede a una posición del archivo, escribe o lee los datos del archivo. El constructor de la clase coge dos argumentos: una instancia File y otra String con el modo de acceso, que puede ser "r" para lectura y "rw" para la lectura y la escritura. Hay un segundo constructor que en lugar de File, recibe una cadena con la ruta del archivo y una cadena con el modo de acceso. Si no existe el archivo, se crea un nuevo archivo vacío. En caso de errores, se lanzará una excepción de tipo java.io.IOException o java.io.FileNotFoundExceptiono. Esta clase proporciona métodos para comprobar el tamaño del archivo (en bytes), pasar la posición actual en el archivo y posicionar en una nueva posición, desde la posición inicial. La clase proporciona métodos para leer el archivo byte por byte o un método para leer grupos de bytes, en un nivel más elevado de tipos de datos como int, long, char, double, etc.

File arch = new File("C:\\texto.txt");

RandomAccessFile raf = new RandomAccessFile(arq, "rw");

// escribiendo datos en el archivo

raf.writeUTF("Saldo=");

```
raf.writeDouble( 100.0 );

// leyendo a partir de la posición inicial

raf.seek( 0 );

String txt = raf.readUTF();

double saldo = raf.readDouble();

raf.close(); // siempre cierre el recurso
```

Streams

Los streams es un medio de flujo de datos. Estos datos pueden proceder de un archivo, como de la red o de un dispositivo conectado a la computadora.

En Java, se generaliza esta corriente de flujo como entrada y salida, lo que hace que sea un acceso fácil y estandarizado para los datos leídos y escritos. Hay dos clases abstractas, que son la base de los flujos en Java, que son: InputStream (para la entrada de datos) y OutputStream (para la salida).

Estas corrientes de trabajo con bytes de datos pueden ser, a menudo, bastante difíciles de manejar. Para ello contamos con corrientes de bajo y de alto nivel. Los streams de bajo nivel trabajan con bytes, es decir, leen y escriben bytes. Los streams de alto nivel, de leen y escriben datos en un formato general (datos primitivos y Strings), haciendo uso de los streams de bajo nivel.

STREAMS DE BAJO NIVEL

Las clases FileInputStream y FileOutputStream son dos clases de bajo nivel de lectura y escritura de datos de un archivo en disco. Estas dos clases tienen dos constructores, un constructor recibe un archivo y el otro recibe una cadena con el nombre de la ruta del archivo. Estas clases sólo funcionan con la lectura y escritura de bytes de datos, para ello, tienen los métodos read () y write (), respectivamente. Ambas clases tienen el método close (). La clase FileInputStream tiene otros métodos como: avaliable () y skip ().

```
File arch = new File("C:\\texto.txt");

FileOutputStream fos = new FileOutputStream( arch );

fos.write( "String que va ser guardada".getBytes() );

fos.close();

File arch = new File("C:\\texto.txt");

FileInputStream fis = new FileInputStream( arch );

byte byteLido = (byte) fis.read();

byte[] bytes = new byte[10];
```

```
fis.read( bytes );

System.out.println( bytes );

fis.close();
```

Existen también otras clases de bajo nivel, como InputStream y OutputStream, que son las clases padres de las clases de stream de bajo nivel. Además, también tenemos las clases: ByteArrayInputStream, ByteArrayOutputStream, y PipedInputStream PipedOutputStream.

Streams de Alto Nivel

Los streams de alto nivel permiten la lectura y escritura de datos sobre otros tipos, además de los bytes de datos. Estas clases extienden las clases FilterInputStream y FilterOutputStream y para la entrada y salida. En realidad, las clases no leen directamente desde un archivo, sino que leen de otro stream.

```
File arch = new File("C:\\texto.txt");

FileOutputStream fos = new FileOutputStream( arch );

DataOutputStream dos = new DataOutputStream( fos );

dos.writeDouble( 100.99 );

dos.writeUTF("String con texto UTF");
```

```
dos.close();

fos.close(); // cierre todos los streams

File arch = new File("C:\\texto.txt");

FileInputStream fis = new FileInputStream( arch );

DataInputStream dis = new DataInputStream( fis );

double d = dis.readDouble();

String s = dis.readUTF();

dis.close();

fis.close(); //cierre todos los streams
```

Hay otras clases de alto nivel como BufferedInputStream y BufferedOutputStream, que son las clases que utilizan el buffer de memoria. También tenemos las clases: PrintStream para escribir tipos primitivos como representaciones de carácter y la clase PushbackInputStream.

Reader y Writer

El reader y el writer se basan en los datos de lectura y escritura en formato Unicode. El archivo debe contener sólo datos en formato UTF. Los reader y writer pueden ser de bajo nivel y de alto nivel. Un buen ejemplo de Readers y Writers de bajo nivel son las clases FileReader y FileWriter.

```
File arch = new File("C:\\texto2.txt");

FileWriter fw = new FileWriter( arch );

fw.write("Linea 1\nLinea 2\nLinea 3\nLinea 4");

fw.close();

FileReader fr = new FileReader( arch );

LineNumberReader lnr = new LineNumberReader( fr );

String s;

while( (s = lnr.readLine()) != null ) {

System.out.println(lnr.getLineNumber() + ":" + s);

}

lnr.close();

fr.close();
```

Las clases de alto nivel soportes los métodos de bajo nivel, y métodos para manipular la lectura en buffer, la lectura de línea, etc. Todas estas clases se extienden de las clases Reader y Writer.

Serialización de Objetos

La serialización es el proceso de desentrañar el objeto y persisitirlo en cualquier lugar, es decir, se registra el objeto con los datos de su estado actual, así como los objetos relacionados con este. Los objetos que van a ser serializados deben implementar la interfaz java.io.Serializable. Estos objetos, utilizando los streams también pueden viajar en la red.

```
Persona pers = new Persona();

pers.setNombre("Miguel");

pers.setEdad(35);

File arch = new File("C:\\Persona.ser");

FileOutputStream fos = new FileOutputStream( arch );

ObjectOutputStream oos = new ObjectOutputStream( fos );

oos.writeObject( pers );

oos.close();

fos.close();

File arch = new File("C:\\Persona.ser");

FileInputStream fis = new FileInputStream( arch );
```

ObjectInputStream ois = new ObjectInputStream(fis);

Persona p = (Persona) ois.readObject();

ois.close();

fis.close();

Los atributos marcados con el modificador transient no será serializado.

SOCKETS

Los sockets sirven para la comunicación remota entre equipos que actúa como los extremos de la comunicación a través del protocolo TCP/IP. Los sockets se comunican entre sí a través de los streams, por los medio de los cuales se envían los datos (bytes), de la misma manera de cómo tratamos a los archivos de datos con los streams. Incluso podemos enviar objetos a través de streams que trabajan con la serialización de objetos. En este modelo de comunicación, los SocketServer esperan las conexiones de los Sockets clientes.

ServerSocket soc = new ServerSocket(999);

InputStream is = soc.accept().getInputStream();

DataInputStream dis = new DataInputStream(is);

System.out.println(dis.readUTF());

```
dis.close();

is.close();

soc.close();
```

```
Socket soc = new Socket("127.0.0.1",999);

OutputStream os = soc.getOutputStream();

DataOutputStream dos = new DataOutputStream( os );

dos.writeUTF( “mensaje enviado” );

dos.close();

os.close();

soc.close();
```

La clase Formatter

Simplifica la forma de escribir los datos. Inspirado en el printf () en C/C++, la clase Formatter forma parte del paquete java.util. La clase String tiene el método format () y la clase PrintStream tiene el método () printf.

```
StringBuilder sb = new StringBuilder();

Formatter f = new Formatter( sb, new Locale("es_ES") );

f.format( "%.2f %tF", 2.456f, new Date() );

System.out.println( sb.toString() );

// imprime: 2.45 2005-07-01

String s = String.format(

new Locale("es_ES"),

"Hoy es %1$te de %1$tB de %1$tY",

Calendar.getInstance()

);

System.out.println( s );

// Hoy es 1 de Junio de 2005

System.out.printf("%2$2s%1$2s-%3$s", "a", "b", "c");

// imprime: " b a-c"
```

SCANNER

Simplifica la forma de leer los datos. Inspirado por el scanf () de C/C++, la clase Scanner forma parte del paquete java.util.

Scanner s = new Scanner(System.in);

int i = s.nextInt();

// lee el próximo entero del teclado

Scanner s = new Scanner(new File("teste.csv"));

s = s.useDelimiter("\\s*,\\s*");

while(sc.hasNextShort()) {

short i = sc.nextShort();

}

// lee un archivo csv con valores short

// y pasa los valores, delimitados por coma

LOS THREADS

Los threads son una forma de desarrollar aplicaciones con procesamiento paralelo, es decir, donde varios subprocesos se ejecutan al mismo tiempo. Este es un tema muy amplio que requiere mucha atención, pero vamos a ver una breve introducción.

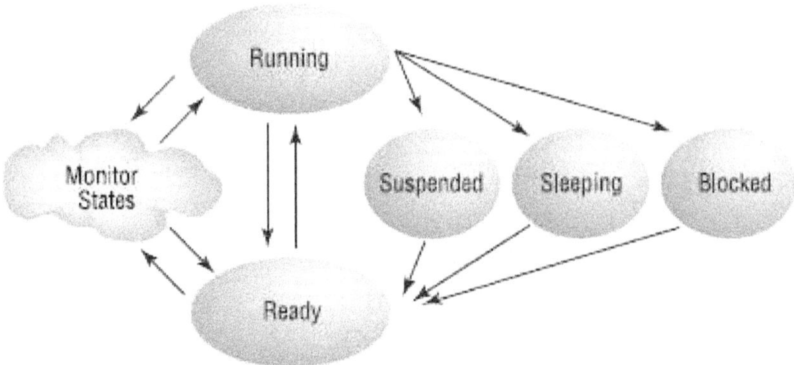

Cuando un thread entra en el estado dead ya no puede ser utilizado y debe ser descartado. Para que una clase se ejecute en paralelo, se debe extender la clase java.lang.Thread o implementar la clase java.lang.Runnable. Cada thread debe implementar el método public void run (), que es el comienzo de su ejecución.

```
public class MiThread extends Thread {

public void run() {

for( int i=0; i<100; i++ ) {

System.out.println("Thread : "+i);

try {
```

```
wait();

} catch(Exception e) {}

}

}

}
```

Note que para iniciar el Thread, en realidad llamamos al método start( ) y no al método run( ).

```
public class EjemploThreads {

public static void main(String[] args) {

EjemploThreads ej = new EjemploThreads();

ej.ejecutar();

}

public void executar() {

MiThread m = new MIThread();

m.start();

for( int i=0; i<100; i++ ) {
```

```
System.out.println("Normal-"+i);

try {

wait(1);

} catch(Exception e) {}

}

}

}
```

Cuando la clase implementa la interfaz Runnable, en lugar de extender la clase Thread, el thread se debe crear, pasando la clase que implementa Runnable como un parámetro.

```
public class MiThread implements Runnable {

public void run() {

for( int i=0; i<100; i++ ) {

System.out.println("Thread : "+i);

try {

wait();
```

```
} catch(Exception e) {}

}

}

}


public class EjemploThreads {

public static void main(String[] args) {

EjemploThreads ej = new EjemploThreads();

ej.ejecutar();

}


public void executar() {

MiThread m = new MiThread();

Thread t = new Thread( m );

t.start();
```

```
for( int i=0; i<100; i++ ) {

System.out.println("Normal-"+i);

try {

wait(1);

} catch(Exception e) {}

}

}

}
```

JAVA EN LA WEB

INTERNET Y EL PROTOCOLO HTTP

Las aplicaciones desarrolladas para Internet, en su mayoría, se acceden a través de los navegadores (navegadores web), lo que significa que utilizan el protocolo HTTP (o

HTTPS - HTTP sobre SSL - Secure Socket Layer) para la comunicación y los datos de tráfico en Red.

Este protocolo se basa en el modelo de solicitud y respuesta. El cliente es el que siempre hace una solicitud a un servidor, el que, a su vez, procesa y genera una respuesta devuelta al cliente.

En este punto, la conexión entre el cliente y el servidor está cerrada, es decir, no hay ninguna sesión establecida. Entre estos dos puntos de comunicación, el cliente abre una conexión con el servidor, envía una solicitud, recibe la respuesta y cierra la conexión.

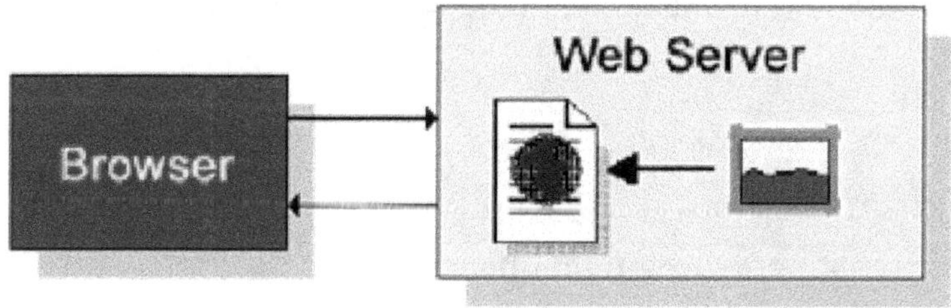

Toda la comunicación con el servidor se inicia con una solicitud del cliente (navegador) en el servidor. Después de que el servidor procesa la solicitud, devuelve una respuesta al

cliente. La solicitud se inicia cuando se escribe una URL en la barra de direcciones, se hace clic sobre un enlace o se envía un formulario.

Ejemplo de una solicitud HTTP:

GET /servlet/MiServlet HTTP/1.1

Accept: text/plain; text/html

Accpet-Language: pt-br

Connection: Keep-Alive

Host: localhost

Referer: http://localhost/paginaTest.htm

User-Agent: Mozilla/4.0 (compatible; MSIE 4.01; Windows XP) Content-

Length: 33

Content-Type: application/x-www-form-urlencoded

Accept-Encodig: gzip, deflate

Nome=Angel&Apellidos=García

Tipos de solicitudes: POST, GET, HEAD, PUT, DELETE y TRACE.

Ejemplo de respuesta HTTP:

HTTP/1.1 200 OK

Server: Microsoft-IIS/4.0

Date: Mon, 20 Jan 2014 03:00:00 GMT

Content-Type: text/html

Last-Modified: Mon, 21 Jan 2014 03:33:00 GMT

Content-Length: 85

<html>

<head>

<title>Ejemplo de respuesta HTTP</title>

</head>

<body></body>

</html>

El contenido en sí viene en respuesta a las solicitudes, por lo general en forma de HTML, como el ejemplo anterior.

Los dos tipos de solicitudes principales y más utilizadas son GET y POST. Estas tienen algunas diferencias básicas pero importantes:

GET

- Puede enviar un máximo de 255 caracteres de información
- La información formará parte de la URL (sin contraseña)
- El navegador o el proxy almacena en caché la URL de la página
- Se crea cuando se introduce una URL o a través de un link o con el método GET de formulario

POST

- Puede enviar información de contenido sin límites
- Puede enviar mensajes de texto y binarios (por ejemplo, archivos)
- El navegador o el proxy no hacen caché de la URL de la página
- Se crea mediante un método POST de un formulario

EL HTML

HTML (Hyper Text Markup Language) es el código interno de una página web. Es un lenguaje de marcado por etiquetas. Es muy simple, el navegador interpreta estas etiquetas HTML y crea una respuesta visual al internauta que es la página HTML.

<html>

<head>

Título de la página HTML de prueba </ title>

</ Head>

<body>

**Este texto aparecerá en el navegador.
**

<a href="http://www.mipaginaweb.com"> Este es un enlace, haga clic aquí </ a>

<table>

<tr> <td> texto en una celda de tabla </ td> </ tr>

</ Table>

**
**

<img src="image.jpg" alt="A picture">

**
 <h1> texto grande - Encabezado - </ h1>**

<font size="2" color="red"> o Normal </ font>

</ Body>

</ Html>

LA TECNOLOGÍA JAVA PARA LA WEB

La tecnología Java permite escribir aplicaciones robustas y seguras para ejecutar en el entorno de Internet. Esto es posible a través de la tecnología Java Servlets y JavaServer Pages (JSP).

Los servlets son clases Java que se adaptan a las solicitudes HTTP.

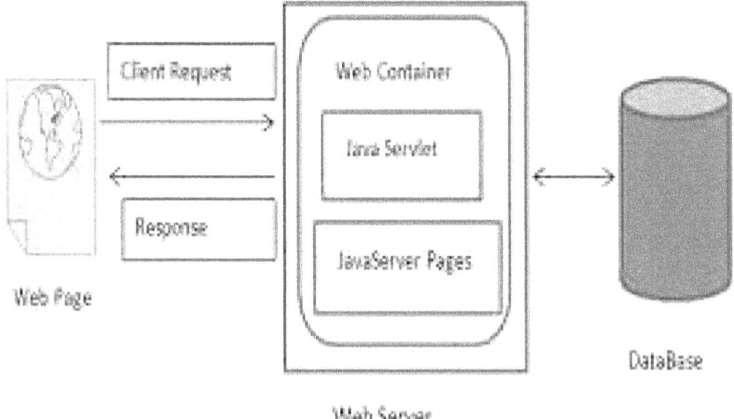

JSP son documentos HTML con código Java embebido. Se utilizan principalmente como una interfaz gráfica para el cliente web.

La arquitectura de las aplicaciones web por lo general siguen el modelo de tres capas, como vemos a continuación:

- Contenedor Web
- JSP
- Servlet
- Clases
- BD

El Servidor de Java es donde están almacenados los Servlets, los JSP y las clases de negocio de su aplicación. El Servidor Java atiende a las solicitudes de los servicios que le hayan hecho, invocando los recursos solicitados, tales como Servlets, JSP, HTMLs, imágenes, etc, así como un servidor web, extendiendo la funcionalidad de los servidores Web que prestan servicios a las aplicaciones Java.

Estos servidores son conocidos como contenedores de servlets, o contenedores web. Hay varios servidores de Java, uno de ellos muy bueno y gratuito, es Apache Tomcat.

Otros servidores más completos que implementan la Especificación J2EE y puede encontrar interesantes son: JBoss, IBM Web Sphere, Bea Web Logic, Oracle OC4J, y otros.

Asegúrese de tener el JDK (J2SE) instalado en su máquina.

Descargue la última versión del binario de Apache Tomcat en el mismo sitio de Apache. El binario viene empaquetado en un archivo zip.

Descomprima el archivo zip en el directorio en el que desea tener instalado Tomcat (por ejemplo: "C: \").

Edite el archivo catalina.bat (catalina.sh, Linux), que está en el directorio bin, añadiendo la siguiente línea (en Linux omitir la palabra SET):

SET JAVA_HOME = C: \ ruta-a-su-jdk

Ejecute el archivo *startup.bat.*

Su Tomcat ya está instalado y configurado para ejecutarse sus primeras aplicaciones web. Ir a: http://localhost:8080 o http://127.0.0.1:8080. También puede configurar el puerto predeterminado (8080) a otro puerto, por ejemplo, el puerto 80, editando el fichero del TOMCAT /config/server.xml.

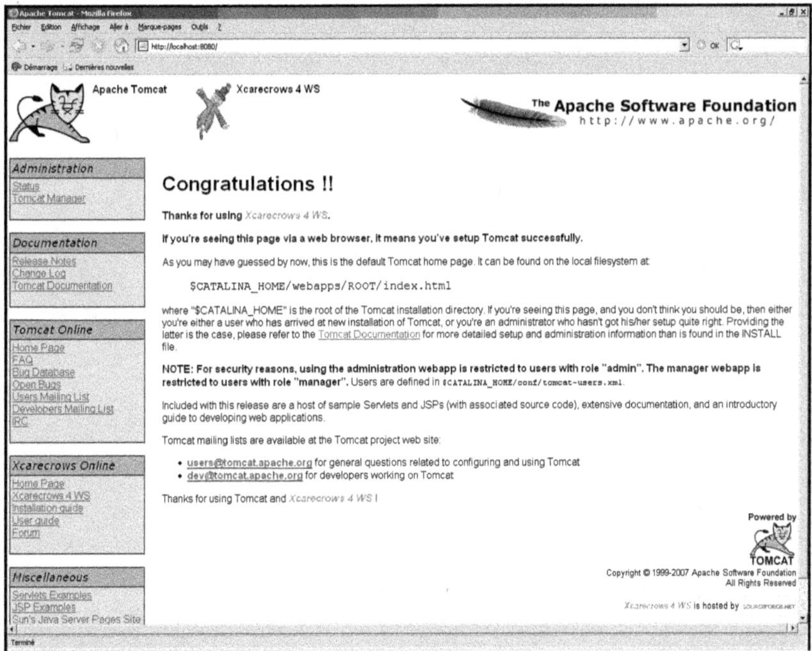

Mi Primer Servlet

Archivo: web \ MiPrimerServlet.java

```
package web;

import java.io.*;

import javax.servlet.*;

public class MiPrimerServlet extends GenericServlet {

public void service(ServletRequest req, ServletResponse res)

throws IOException, ServletException {

res.setContentType("text/html");

PrintWriter out = res.getWriter();

out.println("<html>");

out.println("<head>");

out.println("<title>Mi Primer Servlet</title>");

out.println("</head>");

out.println("<body>");

out.println("Probando mi primer servlet");

out.println("</body>");
```

```
out.println("</html>");
}
}
```

COMPILAR EL PRIMER SERVLET

Como podemos ver en el código anterior, nuestro MiPrimerServlet no es más que una clase. Es la clase de Java que extiende el *javax.servlet.GenericServlet.* GenericServlet es una clase abstracta básica que implementa la interfaz *Javax.servlet.Servlet* y define el método abstracto *() service*, que deben ser implementadas por las subclases para definir el código de ejecución del servicio servlet.

Para crear Servlets, necesitará las clases *javax.servlet* y el paquete *javax.servlet.http.*

Estas clases pertenecen a la API Java Servlet, que no es parte de J2SE, pero si del J2EE. Tomcat viene con este paquete, y si alguna versión no lo incluyera, lo podemos instalar.

Para compilar el código, es necesario incluir en la ruta el archivo *servlet-api.jar* en el directorio TOMCAT\common\lib\. Una vez incluido, podemos compilar el código escribiendo el siguiente código:

javac-classpath C:\jakarta-tomcat-5.0.16\common\lib\servlet-api.jar web\MiPrimerServlet.java

El archivo .class es generado, normalmente, como cualquier clase de java compilada. Ahora ya tenemos la clase servlet compilada, ya se puede poner a trabajar en el servidor Web de servlets. A esta tarea la llamamos a *deploy.* El deploy se desarrolla de la siguiente manera: En primer lugar, crear un directorio con el nombre de nuestra aplicación, por ejemplo, *curso.* Este directorio debe estar dentro del directorio \tomcat\webapps. Cada directorio dentro de *webapps* es una aplicación web diferente. Una aplicación puede contener Servlets y docenas de otros recursos, como JSP, HTML, etc. Los recursos tales como JSP, HTML, imágenes y otros se encuentran en la carpeta raíz de la aplicación o en subcarpetas.

El directorio *WEB-INF* contiene los archivos de configuración de su aplicación e los archivos de deploy. El directorio *classes* debe contener las clases de su aplicación. En el directorio *lib* van los jars (libs) de su aplicación. Sus clases, en lugar de desagruparlas podría empaquetarlas en un jar y estar también en el directorio. Los archivos como imágenes, HTML y otros deben ir en el directorio raíz, *curso.*

Después de haber colocado el archivo *MiPrimerServlet.class* dentro de \classes\web\, debemos crear un archivo de configuración para él, denominado el *deployment descriptor,* o simplemente el *web.xml.* El archivo *web.xml* es un archivo XML que describe la configuración para cada aplicación web del Web container, y contiene información de los servlets de la aplicación y otros ajustes. Lo deberá crear en el directorio *WEB-INF.*

DEPLOYMENT DESCRIPTOR (WEB.XML)

Los archivos XML también están marcados por etiquetas. Estas etiquetas las puede establecer usted, y no sólo utilizar etiquetas predefinidas, como en el código HTML. Las etiquetas definen la estructura de los datos. El archivo web.xml debe estar escrito con las etiquetas ya definidas por la especificación de J2EE Servlets.

```
<?xml version="1.0" encoding="ISO-8859-1"?>

<!DOCTYPE web-app PUBLIC "-//Sun Microsystems, Inc.//DTD Web
Application 2.3//EN" "http://java.sun.com/dtd/web-app_2_3.dtd">

<web-app>

<description>Aplicación del Curso de Java</description>

<display-name>Curso de Java</display-name>

<servlet>

<servlet-name>PrimerServlet</servlet-name>

<servlet-class>web.PrimerServlet</servlet-class>

</servlet>

<servlet-mapping>

<servlet-name>PrimerServlet</servlet-name>
```

<url-pattern>/PrimerServlet</url-pattern>

</servlet-mapping>

</web-app>

EJECUCIÓN DEL PRIMER SERVLET

Finalmente, ya podemos ejecutar nuestro primer servlet, que sólo va a generar un sencillo mensaje en la pantalla del navegador. Después configuramos el *web.xml* y proporcionamos los archivos correctamente, y finalmente, reiniciamos el Tomcat.

Ahora podemos llamar, o solicitar, nuestro primer servlet. Para ello, abra un navegador y escriba la siguiente dirección URL:

http://localhost:8080/curso/MiPrimerServlet

El resultado será una pantalla como esta:

Prueba de Mi Primer Servlet

Los paquetes *javax.servlet* y *javax.servlet.http* son los que proporcionan soporte a los servlets. Estos contienen clases e interfaces que son muy importantes para la comprensión general de sus funcionalidades. Ellos son:

- **Paquete:** ***javax.servlet*** - Este paquete es un servlet genérico, independiente del protocolo.
    - Servlet
    - GenericServlet
    - ServletRequest
    - ServletResponse
    - ServletContext
    - ServletConfig
    - RequestDispatcher
    - ServletException
    - SingleThreadModel
    - ServletOutputStream
    - ServletInputStream
    - ServletConextListener
    - ServletContextAttributeListener
    - UnavailableException
    - ServletContextEvent
    - ServletContextAttributeEvent
    - Filtro
    - FilterConfig
    - FilterChain
- **Paquete:** ***Javax.servlet.http*** - Extiende la funcionalidad del paquete javax.servlet para los servlets de protocolo http.
    - HttpServlet
    - HttpServletRequest
    - HttpServletResponse

- HttpSession
- Cookie
- HttpSessionListener
- HttpSessionAttributeListener
- HttpSessionEvent
- HttpSessionBindingEvent

La interfaz *javax.servlet.Servlet* es la fuente de toda la programación de servlets, es la abstracción central de esta tecnología. Cada servlet debe implementar esta interfaz, directa o indirectamente.

Esta interfaz tiene cinco métodos:

- ***init (ServletConfig conf)*** *– Es llamado por el Servlet Container para iniciar el servlet.*
- ***service (ServletRequest req, ServletResponse res)*** *- Lo llama el Servlet Container que el servlet responda a sus solicitudes. Aquí es donde el servlet va a interactuar con las solicitudes, hacer* el *procesamiento y generar una respuesta.*
- ***destroy ()*** *– Es llamado por el Servlet Container en el momento de la destrucción del servlet para limpiar recursos (cleanup).*
- ***ServletConfig GetServletConfig ()*** *- Devuelve un objeto ServletConfig, que contiene la configuración del servlet.*
- ***String GetServletInfo ()*** *- La implementación de este método debe devolver información acerca del servlet.*

EL CICLO DE VIDA DE LOS SERVLETS

Los Servlets tienen un ciclo de vida bien definido, que es gestionado por el Servlet Container. La comprensión de este ciclo de vida es muy importante:

1. init (): El método *init ()* se ejecuta sólo una vez, cuando el servlet es cargado por el Servlet Container, después, el servlet es capaz de responder a solicitudes:

public void init (config ServletConfig) throws ServletException

2. service (): El método *service ()* es llamado por el Servlet Container cada vez que el servlet recibe una solicitud:

service public void (ServletRequest req, ServletResponse res)

throws ServletException, java.io.IOException

3. destroy (): El método *destroy ()* es llamado por el Servlet Container en la destrucción, es cuando se descarga una instancia o cuando el contenedor está off:

PUBLIC VOID DESTROY ()

El método *init (),* definido en la interfaz *javax.servlet.Servlet,* sólo se ejecuta cuando se carga el servlet, es decir, la carga inicial del contenedor, o cuando el contenedor crea nuevas instancias al Servlet. Cada contenedor puede implementar al mismo tiempo soporte para múltiples instancias de un servlet, en lugar de utilizar una sola instancia para responder a múltiples solicitudes.

El método toma un parámetro del tipo ServletConfig, que es la clase que contiene la

configuración del servlet definido en el *deployment descriptor,* el web.xml. Una referencia a Objeto ServletConfig es mantenida gracias a la implementación del método de clase GenericServlet. Este es el método que responde a las solicitudes realizadas a los servlets. El método toma dos parámetros importantes, el ServletRequest y el ServletResponse. Estos representan a la respuesta generada por el servlet y generada por el cliente, respectivamente.

El método *service ()* es el punto en el que debemos codificar la ejecución del servlet. La interacción con el cliente se lleva a cabo a través de los parámetros que recibe (solicitud y respuesta). La clase ServletRequest contiene métodos para extraer información de los clientes en el momento de la solicitud, como parámetros e información del cliente. Con la clase ServletResponse, podemos comunicarnos con el cliente, informando los datos de las respuesta al cliente, tal como el HTML generado u otra información. Esta respuesta se envía por medio streams.

package web;

import javax.servlet.*;

```
public class ServletSimples implements Servlet {

private ServletConfig servletConfig;

public void init( ServletConfig config ) throws ServletException {

System.out.println("Servlet.init()");

this.servletConfig = config; //guarda la referencia al ServletConfig

}

public void service( ServletRequest req, ServletResponse res )

throws ServletException, java.io.IOException {

System.out.println("Servlet.service()");

}

public void destroy() {

System.out.println("Servlet.destroy()");

}

public ServletConfig getServletConfig() {

return this.servletConfig;
```

```
}

public String getServletInfo() {

return "Servlet Simples";

}

}
```

La interfaz ServletConfig representa la configuración del servlet, se realiza en el *web.xml,* y es muy bien sencillo de usar. Esta interfaz tiene los siguientes métodos:

- **String GetInitiParameter (String name)** - Devuelve el valor del parámetro especificado por el *nombre* o *null* si el parámetro no existe en la configuración.
- **Enumeration GetInitParameterNames ()** - Devuelve una enumeración de la secuencia con los nombres de todos los parámetros configurados.
- **ServletContext getServletContext ()** - Devuelve el ServletContext de la aplicación del servlet.
- **String GetServletName ()** - Devuelve el nombre de la configuración especificado en el servlet.

Esta interfaz solo permite recuperar los valores, pero no permite el cambio.

Los ajustes se encuentran en el *deployment descriptor,* en el archivo *web.xml.* Estos valores están dentro de la etiqueta <init-param>, que está dentro de la configuración <servlet>.

Ahora vamos a configurar el archivo web.xml, con los parámetros iniciales del servlet:

<web-app>

<servlet>

<servlet-name> MiPrimerServlet </ servlet-name>

<servlet-class> web.MiPrimerServlet </ clase servlet>

<init-param>

<param-name> PARAM1 </ param-name>

<param-value> VALUE1 </ param-value>

</ Init-param>

<init-param>

<param-name> PARAM2 </ param-name>

<param-value> VALOR2 </ param-value>

</ Init-param>

```
</ Servlet>

</ Web-app>
```

El método *init ()*, por ejemplo, puede listar los parámetros configurados para el servlet:

```
public void init( ServletConfig config ) throws ServletException {

Enumeration enum = config.getInitParameterNames();

while( enum.hasMoreElements() ) {

String param = (String) enum.nextElement();

System.out.println( param + ": " + config.getInitParameter(param) );

}

}
```

El ServletContext es la interfaz que representa el entorno de aplicación. Cada aplicación web sólo tiene un ServletContext. Esta interfaz tiene métodos para obtener la información de configuración de la aplicación servidor, para iniciar la sesión, recursos de aplicaciones de acceso, y otras características que veremos más adelante.

El ServletContext también sirve para compartir información con cualquier aplicación.

```
Enumeration enum = getServletContext().getInitParameterNames();

while( enum.hasMoreElements() ) {

String param = (String) enum.nextElement();

System.out.println( param + ": " + config.getInitParameter(param) );

}

InputStream is = getServletContext().getResourceAsStream("/WEB-INF/arq.txt");

//ler dados do arquivo pelo InputStream

is.close();

getServletContext().log( "Mensaje a ser guardado en el log de la aplicación" );

getServletConfig().getServletContext(); //otra manera de pegar el contexto
```

Los objetos almacenados en el ServletContext estarán disponibles para cualquier aplicación, es decir, estos datos serán almacenados en el ámbito de la aplicación. Sin embargo, como el ServletContext es compartida por cualquier aplicación, este no es un buen lugar para almacenar datos para un cliente específico.

```
package web;
```

```
import javax.servlet.*;

public class GuardaValorServlet extends GenericServlet {

private static int i = 0;

public void service( ServletRequest req, ServletResponse res )

throws ServletException, java.io.IOException {

getServletContext().setAttribute("contador", new Integer(++i));

}

}

package web;

import javax.servlet.*;

public class MuestraValorServlet extends GenericServlet {

public void service(ServletRequest req, ServletResponse res )

throws ServletException, java.io.IOException {

res.getWriter().println(
getServletContext().getAttribute("contador") );

}
```

}

La interfaz ServletRequest encapsula y gestiona la solicitud realizada por el cliente web. Esta ofrece métodos para extraer los datos de la solicitud. Esta clase sirve servlets para cualquier protocolo. Pero vamos a profundizar sólo en el protocolo HTTP. Por lo tanto, veremos las características de esta clase y sus funciones extendidas para el protocolo HTTP en la interfaz *javax.servlet.http.HttpServletRequest.*

La interfaz ServletResponse encapsula y gestiona la respuesta enviada al cliente web. Esta proporciona métodos para la escritura de datos en la respuesta. Esta clase sirve servlets para cualquier protocolo. Pero vamos a profundizar sólo en el protocolo HTTP. Por lo tanto, veremos las funciones de esta clase y sus funciones extendidas para el protocolo HTTP en la *interfaz javax.servlet.http.HttpServletResponse.*

HttpServlet es una clase abstracta que extiende la clase *javax.servlet.GenericServlet,* implementa el método *service (),* y añade un nuevo método con la firma:

protected void service (HttpServletRequest req,
HttpServletResponse) throws

ServletException, java.io.IOExeption;

Tenga en cuenta que, a diferencia de *javax.servlet.Servlet,* el método de *service ()* ahora recibe dos nuevos Parámetros: HttpServletRequest y HttpServletResponse, que son clases que representan el request y el response del protocolo HTTP, respectivamente. Este método no es abstracto. La clase HttpServlet extiende la funcionalidad de GenericServlet para el protocolo HTTP. La clase añade algunos métodos propios para satisfacer los diferentes tipos de solicitudes.

Todos los métodos reciben dos argumentos (HttpServletRequest y HttpServletResponse). El método *service ()* del HttpServlet analiza el tipo de solicitud y dirige la llamada al método más adecuado.

Por ejemplo:

```
package web;

import java.io.*;

import javax.servlet.*;

import javax.servlet.http.*;

public class TesteServlet extends HttpServlet {

public void doPost(HttpServletRequest req, HttpServletResponse res)

throws IOException, ServletException {

res.setContentType("text/html");

PrintWriter out = res.getWriter();
```

```
out.println("Método doPost( )");

}

public void doGet(HttpServletRequest req, HttpServletResponse res)

throws IOException, ServletException {

res.setContentType("text/html");

PrintWriter out = res.getWriter();

out.println("Método doGet( )");

}

}
```

Para probar nuestro PruebaServlet y llamar a los diferentes métodos, creamos un

HTML que tenga los dos métodos GET y POST. Crea el archivo test.htm en la carpeta del *curso,* y el codificar así:

```
<html>

<head>

<title>Prueba</title>
```

```
</head>

<body>

<a href="PruebaServlet">Llamar PruebaServlet vía GET</a>

<br><br>

<form name="test" method="POST" action="PruebaServlet">

<input type="submit" name="ok" value="Llamar vía POST">

</form>

</body>

</html>
```

La página muestra un vínculo y un botón de formulario. Al hacer clic en el enlace, el navegador va a hacer una solicitud GET. Al hacer clic en el botón del formulario el navegador hará una solicitud POST. Haga varias pruebas y compruebe el resultado generado. Si el atributo *method* de la etiqueta de *form* se cambia a GET, el formulario hará una solicitud GET.

Las solicitudes y las respuestas es todo lo que gestionan los servlets, después de todos los servlets reciben solicitudes, y generan respuestas.

Para el protocolo de aplicaciones web HTTP, hay dos clases:

javax.servlet.http.HttpServletRequest y

javax.servlet.http.HttpServletResponse que rpresentan a la solicitud y a la respuesta, respectivamente. Estas clases extienden las clases *javax.servlet.ServletRequest* y *javax.servlet.ServletResponse,* añadiendo funcionalidades extra para los Servlets HTTP.

Los parámetros pueden ser enviados de las siguientes maneras: a través de una cadena con la consulta en la dirección URL o vía formulario.

La cadena con la consulta en la URL:

http://localhost:8080/curso/SuServlet?param1=valor1¶m2=valor2¶m2=valor2.1

La cadena de consulta se inicia después del nombre de la función, seguido por el carácter ?. Cada parámetro es separados por el carácter &. Hay que introducir el valor del parámetro al lado de su nombre, separados por el carácter =, formando un dato del tipo clave = valor. Un mismo parámetro puede contener más de un valor, la repitiendo la clave en la cadena de consulta.

Los caracteres especiales (como el espacio, &) se tienen que mapear para el formato URL.

El envío de los parámetros a través del formulario HTML:

```
<html>

<head>

Título del Formulario de Prueba </ title>

</ Head>

<body>

<form name="teste" method="POST" action="SuServlet">

<b> Nombre: </ b> <input type="text" name="nombre"> <br>

<b> Contraseña: </ b> <input type="password"
name="contraseña"> <br>

<b> Sexo: </ b> <input type="radio" name="sexo" value="M">
Men.

<input type="radio" name="sexo" Mujeres value="F"> <br>

<b> Aficiones: </ b> <br>

<input type="checkbox" name="hobbie" value="Cine"> Cine <br>

<input type="checkbox" name="hobbie" value="Fútbol"> Fútbol |

<input type="checkbox" name="hobbie" value="Música"> Music
Foto
```

<input type="submit" name="enviar" value="Enviar">

<input TYPE="reset" name="limpar" value="Limpiar">

</ Form>

</ Body>

</ Html>

La interfaz HttpServletRequest representa y maneja la solicitud del cliente, ofreciendo métodos de la Superclase ServletRequest, y agrega cookies para el soporte y las sesiones. Esta interfaz define los siguientes métodos para recuperar el valor de los parámetros pasados:

String getParameter (String nombre) - Devuelve el valor del parámetro introducido o *null* si el valor no fue pasado o no existe.

String [] getParameterValues (String nombre) - Devuelve una matriz de cadenas si el parámetro tiene múltiples valores.

Enumeration GetParameterNames () - Devuelve una enumeración de los nombres de todos los parámetros enviados.

String getHeader (String nombre) - Devuelve el valor de la cabecera (header) enviada.

Enumeration GetHeaders (String nombre) - Devuelve una enumeración con los valores de la cabecera.

Enumeration GetHeaderNames () - Devuelve una enumeración que contiene los nombres de todos los encabezados.

Estos métodos son comunes con el ServletRequest, por lo tanto, la clase se puede utilizar para cualquier otro protocolo más allá del HTTP.

La recuperación de los parámetros enviados en la solicitud:

```
package web;

import java.util.*;

import javax.servlet.*;

import javax.servlet.http.*;

public class PruebaRequestServlet extends HttpServlet {

public void service(HttpServletRequest req, HttpServletResponse res)

throws ServletException, java.io.IOException {

res.setContentType("text/html");

PrintWriter out = res.getWriter();

out.println("NOMBRE:" + req.getParameter("nome") );
```

```
Enumeration e = req.getParameterNames();

while( e.hasMoreElements() ) {

String param = (String) e.nextElement();

out.println( param + ": " + req.getParameter(param) + "<BR>" );

}

}

}
```

Escriba el deploy del servlet y luego llame a la siguiente URL:

http://localhost:8080/curso/TesteRequestServlet?nombre=Manuel &apellido=Lopez.

Ahora pruebe ha pasar los parámetros a través del formulario HTML que hemos visto anteriormente.

Recuperando las cabeceras enviadas en la solicitud:

```
package web;

import java.util.*;

import javax.servlet.*;
```

```
import javax.servlet.http.*;

public class PruebaHeaderServet extends HttpServlet {

public void service(HttpServletRequest req, HttpServletResponse
res)

throws ServletException, java.io.IOException {

res.setContentType("text/html");

PrintWriter out = res.getWriter();

out.println("User-Agent:" + req.getHeader("User-Agent") );

Enumeration e = req.getHeaderNames();

while( e.hasMoreElements() ) {

String header = (String) e.nextElement();

out.println( header + ": " + req.getHeader( header ) + "<br>" );

}

}

}
```

La interfaz HttpServletResponse representa y maneja la respuesta al cliente, ofreciendo métodos de la Superclase ServletResponse, y añade métodos adicionales. Esta interfaz define los siguientes métodos:

- **setContentType (String type)** - Indica el tipo de respuesta que se enviará. Este método, cuando se utiliza, debe ser utilizado antes de enviar cualquier respuesta al cliente.
- **java.io.PrintWriter getWriter ()** - Devuelve un objeto PrintWriter que se utiliza para enviar la respuesta al cliente, por lo general en forma de texto, HTML o XML.
- **java.io.OutputStream getOutputStream ()** - Devuelve un objeto OutputStream, que se utiliza para enviar la respuesta binaria al cliente. Puede generar una imagen o un documento y enviar los bytes en este.
- **setHeader (String nombre, String value)** - Establece un nuevo par nombre/valor de encabezado.
- **addHeader (String nombre, String value)** - Añade un par de nombre/valor de una cabecera.
- **boolean containsHeader (String nombre)** - Indica si la cabecera ya existe.
- **setStatus (int code)** - Establece el código de respuesta.
- **setStatus (int code, String msg)** - Establece el código de respuesta y el mensaje.
- **sendRedirect (String url)** - Establece la URL donde será redirigida la página.

Envío de una respuesta HTML al cliente:

```
package web;

import java.io.*;

import javax.servlet.*;

import javax.servlet.http.*;

public class PruebaResponseServlet extends HttpServlet {

public void service(HttpServletRequest req, HttpServletResponse
res)

throws IOException, ServletException {

res.setContentType("text/html");

PrintWriter out = res.getWriter();

out.println("<html><head><title>Mi Primer
Servlet</title></head>");

out.println("<body>Prueba del HttpServletResponse</body>");

out.flush(); //fuerza el envío de los datos del buffer

out.println("</html>");
```

```
}

}
```

Envío del estado de respuesta al cliente:

```
package web;

import java.io.*;

import javax.servlet.*;

import javax.servlet.http.*;

public class PruebaResponseServlet extends HttpServlet {

public void service( HttpServletRequest req, HttpServletResponse
res )

throws IOException, ServletException {

boolean acessoOK = false;

//verifica el acceso del usuario

if( acessoOK ) {

res.setStatus( 200 ); //Status de OK

} else {
```

```
res.setStatus( 403, "El Usuario NO tiene permiso de acceso" );

}

}

}
```

Redirigir la página del cliente:

```
package web;

import java.io.*;

import javax.servlet.*;

import javax.servlet.http.*;

public class PruebaResponseServlet extends HttpServlet {

public void service( HttpServletRequest req, HttpServletResponse
res )

throws IOException, ServletException {

boolean accesoOK = false;

//verifica el acceso del usuario

if( "noticia".equals( req.getParameter("area") ) ) {
```

```
res.sendRedirect( "http://www.otrapaginaweb.com" );

} else {

PrintWriter out = res.getWriter();

out.println("No se informó el área!");

}

}

}
```

Servlet que envía un archivo jar:

```
package web;

import java.io.*;

import javax.servlet.*;

import javax.servlet.http.*;

public class JarServlet extends HttpServlet {

public void service(HttpServletRequest req, HttpServletResponse
res)

throws IOException, ServletException {
```

```
res.setContentType("application/jar");

OutputStream out = res.getOutputStream();

String jar = "/archivo.jar";

InputStream is = getServletContext().getResourceAsStream( jar );

byte b = -1;

while( (b = (byte)is.read()) > -1 ) {

out.write( b );

}

out.flush(); //fuerza el envío de los datos del buffer

}

}
```

A veces podemos decidir remitir la solicitud a otro recurso, después del procesamiento de nuestro servlet. Imagine un servlet que hace el procesamiento y genera una respuesta, pero queremos que en caso de error pase la solicitud a otro recurso. Para ello hay que utilizar el RequestDispatcher. La solicitud y la respuesta se pasa a la siguiente función.

Ejemplo:

```
package web;

import java.io.*;

import javax.servlet.*;

import javax.servlet.http.*;

public class ProcesoServlet extends HttpServlet {

public void service( HttpServletRequest req, HttpServletResponse res )

throws IOException, ServletException {

try {

//hace el procesamiento y genera una salida

} catch( Exception e ) {

//en caso de que el procesamiento genere una excepción, se remite a la página de error

RequestDispatcher rd =

getServletContext().getRequestDispatcher("/error.htm");
```

```
rd.forward( req, res );

}

}

}
```

La misma clase RequestDispatcher permite, que después despachar hacia otro recurso, pueda incluir otro recurso sobre el procesamiento actual.

```
package web;

import javax.servlet.*;

import javax.servlet.http.*;

public class IncludeServlet extends HttpServlet {

public void service( HttpServletRequest req, HttpServletResponse res)

throws java.io.IOException, ServletException {

res.getWriter().println("Recurso 1");

RequestDispatcher rd = getServletContext().getRequestDispatcher("/IncluidoServlet");
```

```
rd.include( req, res );

}

}

package web;

import javax.servlet.*;

import javax.servlet.http.*;

public class IncluidoServlet extends HttpServlet {

public void service( HttpServletRequest req, HttpServletResponse res)

throws java.io.IOException, ServletException {

res.getWriter().println("Recurso 2");

}

}
```

Cuando hacemos *forward ()* o *include ()* a otro recurso, se pasan los datos de la solicitud y de la respuesta al recurso solicitado, por ello también podemos aprovecharnos de las ventajas de los recursos de la solicitud de pasar una nueva información a los siguientes recursos. Para ello, la clase HttpServletRequest proporciona métodos:

- **void setAttribute (String name, Object value)** - Agrega el objeto pasado en la sesión, utilizando el nombre de especificado.
- **Object getAttribute (String name)** - Devuelve el objeto almacenado en la sesión al que se hace referencia por un nombre especificado.

Ejemplo:

```
package web;

import javax.servlet.*;

import javax.servlet.http.*;

public class PasarInfoServlet extends HttpServlet {

public void service( HttpServletRequest req, HttpServletResponse res )

throws java.io.IOException, ServletException {

Integer i = new Integer( req.getParameter("valor") );

i = new Integer( i.intValue() * 123 ); //hace un cálculo cualquiera

req.setAttribute( "valor", i );

RequestDispatcher rd = getServletContext().getRequestDispatcher("/InclusoServlet");
```

```
rd.forward( req, res );

}

}
```

Los Servlets soportan la sesión de usuario. La sesión de usuario sirve como un repositorio de datos correspondiente a la sesión de un usuario en particular, manteniendo así el estado de la sesión de usuario. La interfaz que representa la sesión de usuario es *javax.servlet.http.HttpSession*.

La clase tiene los siguientes métodos:

- **void setAttribute (String name, Object value)** - Agrega el objeto pasado en la sesión, utilizando el nombre especificado.
- **Object getAttribute (String name)** - Devuelve el objeto almacenado en la sesión al que se hace referencia por su nombre especificado.

Para obtener el objeto HttpSession, utilizamos el método *getSession ()* de la clase HttpServletRequest. Se puede utilizar una sesión de usuario, por ejemplo, en un sistema de comercio electrónico para almacenar los artículos en el carrito de la compra del usuario, o para almacenar los datos de usuario de un sistema, cada vez que inicie sesión en el sistema.

Veamos el ejemplo de un servlet que hace el inicio de sesión de usuario en el sistema y mantiene la información del usuario en la sesión.

```
package web;

import javax.servlet.*;

import javax.servlet.http.*;

public class LoginServlet extends HttpServlet {

public void doPost( HttpServletRequest req, HttpServletResponse res)

throws java.io.IOException, ServletException {

boolean validacionOK = true;

String usuario = req.getParameter("usuario");

String senha = req.getParameter("contraseña");

if( usuario==null || senha==null ) validacionOK = false;

//hace la validación del usuario

if( validacaoOK ) {

HttpSession sesion = req.getSession( true );
```

```
sesion.setAttribute( "usuario", usuario );

res.getWriter().println("Se ha logueado correcamente");

} else {

//el usuario no fue validado. Lo remite a la página de error de login

RequestDispatcher rd = getServletContext().getRequestDispatcher("/errLogin.htm");

rd.forward( req, res );

}

}

}
```

Ahora usamos un servlet al que sólo se puede acceder si el usuario ha iniciado sesión.

```
package web;

import javax.servlet.*;

import javax.servlet.http.*;

public class AccesoRestringidoServlet extends HttpServlet {
```

```
public void service( HttpServletRequest req, HttpServletResponse
res)

throws java.io.IOException, ServletException {

HttpSession sesion = req.getSession( true );

String usuario = (String) sesion.getAttribute("usuario");

java.io.PrintWriter out = res.getWriter();

if( usuario != null ) {

out.println("El usuario tiene el acceso libre en el login.");

} else {

//el usuario no tiene un nombre en la sesión. No está logueado

out.println("<html><body><form method='post'
action='LoginServlet'>");

out.println("Usuario: <input type='text' name='usuario'> <br>");

out.println("Contraseña:          <input          type='password'
name='contraseña> <br>");

out.println("<input type='submit' value='OK'></form>");

out.println("</body></html>");
```

```
}
}
}
```

Como vimos en las clases HttpServletRequest, HttpSession y ServletContext, tenemos una manera común para compartir información y datos para cada uno de estos componentes.

Cada uno tiene su ámbito de aplicación definido. El alcance que tiene HttpServletRequest es la solicitud, es decir, que sólo es válida mientras la solicitud es válida. Al final de la respuesta esta expira. Cada usuario tiene un request por solicitud. Este es un buen lugar para almacenar los datos que se utilizarán en la propia solicitud.

El HttpSession tiene su ámbito en la sesión, es decir, es válido siempre y cuando la sesión del usuario este activa. El servidor identifica al usuario y deja una sesión válida, hasta que se invalida mediante programación o el tiempo de la sesión expira. Cada usuario tiene su propia sesión. Este es un buen lugar para guardar la información relevante del usuario y su período de sesiones.

El ServletContext tiene su ámbito en la aplicación, este es válido para cualquier aplicación, desde el inicio del servicio del servidor al final de la misma. Los datos almacenados en el mismo estarán accesibles a cualquier servlet o aplicación JSP. Este es un buen lugar para almacenar los datos y los recursos compartidos. Todas estas interfaces tienen los métodos:

- **void setAttribute (String name, Object value)** - Agrega el objeto pasado en su ámbito, utilizando el nombre especificado.
- **Object getAttribute (String name)** - Devuelve el objeto almacenado en su ámbito, al que hace referencia el nombre especificado.

Los Servlet Container pueden tener más de una instancia del mismo servlet activa, pero utiliza una paralela para responder a la solicitud de muchos usuarios, es decir, el contenedor puede utilizar el mismo servlet para responder a varias solicitudes en paralelo, ya que los servlets son *multi-thread*.

Hay una manera de coger los servlets mono procesados, pero esto tiene un gran impacto en la aplicación, porque cada solicitud sólo puede responderse después de que la solicitud anterior haya sido atendida, es decir, al final de la ejecución del servlet, y esto puede provocar un tiempo de respuesta muy largo.

La interfaz se convierte en un servlet mono procesado que es la interfaz SingleThreadModel.

package web;

import javax.servlet.*;

import javax.servlet.http.*;

```
public class MonoProcesadoServlet extends HttpServlet implements
SingleThreadModel {

public void service( HttpServletRequest req, HttpServletResponse
res)

throws java.io.IOException, ServletException {

try { Thread.sleep( 10000 ); } //espera 10 segundos

catch( Exception e ) {}

res.getWriter().println("Servlet Procesado");

}

}
```

Si llamamos a este servlet en dos ventanas separadas, veremos que la segunda llamada se necesitará tiempo para ejecutarse, ya que tiene que esperar a que el primero haya terminado.

Se puede saber cuando se produjo un evento con el ServletContext, es decir, en el contexto de la aplicación. El contenedor web nos informa acerca de estos eventos por medio de Listeners. Estos listeners pueden ser: de creación o de destrucción de contexto (ciclo de vida del contexto) y la adición, modificación o eliminación de algún atributo en su contexto. Para ello contamos con las interfaces

ServletContextListener, ServletContextEvent, ServletContextAttributeListener ServletContextAttributeEvent y todo el paquete javax.servlet.

Las clases que implementan ServletContextListener sirven para responder a los eventos del ciclo de vida del contexto. Las clases deben implementar los siguientes métodos:

- **public void contextInitialized (ServletContextEvent e)** - Este método se invoca cuando el contexto es creado por el contenedor.
- **public void contextDestroyed (ServletContextEvent e)** - Este método se invoca cuando el contexto es destruido por el contenedor.

La interfaz ServletContextEvent tiene el método getServletContext () que devuelve el contexto de la aplicación.

Ejemplo:

```
public class MiContextoListener implements
javax.servlet.ServletContextListener {

public void contextInitialized( javax.servlet.ServletContextEvent e )
{

System.out.println( "Mi contexto fue iniciado..." );

}
```

```
public void contextDestroyed( javax.servlet.ServletContextEvent e )
{

System.out.println( "Mi contexto fue destruido..." );

}

}
```

Ahora necesitamos declarar el listener en el web.xml, para que el contenedor lo reconozca y lo ejecute. En el web.xml:

```
<web-app>

<listener>

<listener-class>MiContextoListener</listener-class>

</listener>

</web-app>
```

Ahora tenemos que declarar al oyente en web.xml para el contenedor de reconocer y ejecutar. En web.xml:

```
<web-app>

<listener>

<listener> MiContextoListener </listener-class>
```

</listener>

</web-app>

Pueden existir varios elementos <listener> dentro de un web.xml, para registrar todos los Listeners de la aplicación. Los elementos <listener> deben ir antes del elemento <servlet>.

También podemos ser notificados cuando se agrega, modifica o elimina cualquier atributo del contexto. Para ello utilizamos la interfaz ServletContextAttributeListener.

Las clases que implementan ServletContextAttributeListener deben implementar los siguientes métodos:

- **public void attributeAdded (ServletContextAttributeEvent e)** - Este método se invoca cuando se agrega un atributo al contexto.
- **public void attributeReplaced (ServletContextAttributeEvent e)** - Este método se invoca cuando se modifica o sustituye un atributo de contexto.
- **public void attributeRemoved (ServletContextAttributeEvent e)** - Este método se invoca cuando se elimina un atributo a partir del contexto.

La interfaz ServletContextAttributeEvent tiene el método getServletContext () que devuelve el contexto de la aplicación, además de los métodos getName () y getValue () que devuelve el nombre y el valor del atributo, respectivamente.

Ejemplo:

```
public class MiContextoAttributeListener

implements javax.servlet.ServletContextAttributeListener {

public void attributeAdded(
javax.servlet.ServletContextAttributeEvent e ) {

System.out.println( “Nuevo atributo: ” + e.getName() + “=“ +
e.getValue() );

}

public void attributeReplaced(
javax.servlet.ServletContextAttributeEvent e ) {

System.out.println( “Atributo modificado: ” + e.getName() + “=“ +
e.getValue() );

}

public void attributeRemoved(
javax.servlet.ServletContextAttributeEvent e ) {

System.out.println( “Atributo eliminado: ” + e.getName() + “=“ +
e.getValue() );

}
```

}

Para declarar el listener en el web.xml, seguimos los mismos pasos explicados anteriormente.

<web-app>

<listener>

<listener-class>MiContextoAttributeListener</listener-class>

</listener>

</web-app>

Así como los eventos de contexto, el contenedor puede notificarnos sobre los eventos de sesión, tanto sobre su creación, eliminación como de sus atributos. Para ello contamos con las interfaces HttpSessionListener, HttpSessionEvent y HttpSessionAttributeListener HttpSessionBindingEvent todo el paquete javax.servlet.http.

Las clases que implementan HttpSessionListener sirven para responder a los eventos del ciclo de vida de la sesión. Las clases deben implementar los siguientes métodos:

- **public void sessionCreated (HttpSessionEvent e)** - Este método se invoca cuando se crea la sesión en el contenedor.

- **public void sessionDestroyed (HttpSessionEvent e)** - Este método se invoca cuando la sesión es eliminada por el contenedor.

La interfaz tiene un método HttpSessionEvent getSession () que devuelve la sesión del usuario actual.

Ejemplo:

public class MiSesionListener

implements javax.servlet.http.HttpSessionListener {

public void sessionCreated(javax.servlet.http.HttpSessionEvent e) {

System.out.println("Sesión creada...");

}

public void sessionDestroyed(javax.servlet.http.HttpSessionEvent e) {

System.out.println("Sesión eliminada...");

}

}

Ahora necesitamos declarar el listener en la web.xml, para que el contenedor lo reconozca y lo ejecute. En el web.xml:

<web-app>

<listener>

<listener-class>MiSesionListener</listener-class>

</listener>

</web-app>

También podemos ser notificados cuando se agrega, modifica o elimina cualquier atributo de la sesión de usuario. Para ello utilizamos la interfaz HttpSessionAttributeListener. Las clases que implementan HttpSessionAttributeListener deben implementar los siguientes métodos:

- **public void attributeAdded (HttpSessionBindingEvent e)** - Este método se invoca cuando un atributo es agregado en el período de sesiones.
- **public void attributeReplaced (HttpSessionBindingEvent e)** - Este método se invoca cuando un atributo de la sesión se sustituye o modifica.
- **public void attributeRemoved (HttpSessionBindingEvent e)** - Este método se invoca cuando un atributo se elimina de la sesión.

La interfaz HttpSessionBindingEvent tiene el método getSession ()que devuelve la sesión del usuario, así como los métodos getName () y getValue () que devuelven el nombre y el valor del atributo, respectivamente.

Ejemplo:

```
public class MiSesionAttributeListener

implements javax.servlet.http.HttpSessionAttributeListener {

public void attributeAdded(
javax.servlet.http.HttpSessionBindingEvent e ) {

System.out.println( "Nuevo atributo: " + e.getName() + "=" +
e.getValue() );

}

public void attributeReplaced(
javax.servlet.http.HttpSessionBindingEvent e ) {

System.out.println( "Atributo modificado: " + e.getName() + "=" +
e.getValue() );

}

public void attributeRemoved(
javax.servlet.http.HttpSessionBindingEvent e ) {

System.out.println( "Atributo eliminado: " + e.getName() + "=" +
e.getValue() );
```

```
}

}
```

Para declarar el listener en el web.xml, seguimos los mismos pasos explicados anteriormente.

```
<web-app>

<listener>

<listener-class>MiSesionAttributeListener</listener-class>

</listener>

</web-app>
```

Los filtros se utilizan para interceptar las solicitudes realizadas al contenedor antes de que alcance el recurso solicitado. Puede trabajar con la solicitud (HttpServletRequest) y con la respuesta (HttpServletResponse), modificando sus estados.

Los filtros deben implementar la interfaz ***java.servlet.Filter***. La interfaz ***FilterConfig***, contiene ajustes de filtro, que se declaran en el ***web.xml***. La interfaz ***FilterChain*** se usa para pasar el comando al siguiente filtro, o al recurso solicitado, en caso de que sea el último filtro de la cadena.

Las clases que implementan la interfaz Filter deben implementar los siguientes métodos:

- **public void init (FilterConfig filterConfig)** - Este método es invocado por el contenedor cuando se crea el filtro. El objeto FilterConfig que se pasa como argumento contiene la configuración del filtro.
- **public void doFilter (ServletRequest req, ServletResponse res, FilterChain string)** - Este método es invocado por el contenedor cuando se realiza una solicitud para un recurso, por lo que se asigna el filtro.
- **public void destroy ()** - Este método es invocado por el contenedor cuando se destruye el filtro.

La interfaz FilterConfig proporciona los siguientes métodos:

public String getFilterName ()

public String getInitParameter (String parameterName)

public java.util.Enumeration getInitParameterNames ()

pública ServletContext getServletContext ()

La interfaz FilterChain proporciona el siguiente método:

public void doFilter (ServletRequest req, ServletResponse res)

La implementación de las interfaces FilterConfig y FilterChain son ofrecidos por el propio contenedor.

Ejemplo de un filtro simple:

```
import javax.servlet.*;

public class MiFiltro implements Filter {

private FilterConfig filterConfig;

public void init( FilterConfig filterConfig ) {

this.filterConfig = filterConfig;

System.out.println( “MiFiltro se ha iniciado...” );

}

public void doFilter( ServletRequest req, ServletResponse res,

FilterChain chain ) {

System.out.println( “MiFiltro invocado – param1=” +

filterConfig.getInitParameter( “param1” ) );

chain.doFilter( req, res );

}

public void destroy() {

System.out.println( “MiFiltro eliminado” );
```

```
}

}
```

Ahora configuramos nuestro filtro en web.xml:

```
<web-app>

<filter>

<filter-name>MiFiltro</filter-name>

<filter-class>MiFiltro</filter-class>

<init-param>

<param-name>param1</param-name>

<param-value>valor1</param-value>

</init-param>

</filter>

<filter-mapping>

<filter-name>MiFiltro</filter-name>

<url-pattern>/*</ulr-pattern>
```

```
</filter-mapping>

<filter-mapping>

<filter-name>MiFiltro</filter-name>

<servlet-name>MiServlet</servlet-name>

</filter-mapping>

<servlet>

<servlet-name>MiServlet</servlet-name>

<servlet-class>web.MiServlet</servlet-class>

</servlet>

</web-app>
```

La tecnología Servlet también ofrece soporte para cookies. La clase Cookie representa una cookie que se almacena en el navegador del cliente. Para obtener las cookies del cliente, utilice un método de la solicitud:

- Cookies [] cookies = request.getCookies ();
- Para crear y agregar nuevas cookies en el cliente, basta con crear un objeto de tipo
- Cookie, almacenando el nombre y el valor de la cookie, y luego añade en la cookie la respuesta.

```
Cookie Cookie = new Cookie ( "UserID" , "12345" );

response.addCookie (cookie);
```

Java JSP

JSPs son páginas HTML que contienen código Java embebido, extendiendo la funcionalidad del código HTML, para hacerlo dinámico. La sintaxis es la misma de Java, la diferencia es que integramos el código de Java en el cuerpo HTML. Por ello, debemos codificar el código Java dentro de los bloques de marcado por <% y %>. Todo lo que hay dentro de este bloque es Java, todo lo que hay fuera de ella es el texto o HTML.

La intención es utilizar JSP para eliminar el código HTML dentro de Servlets, ya que requiere mucho trabajo mantener el código. Con JSP pueden diseñar un HTML y luego añadir Java en él.

Archivo: prueba.jsp

```
<html>

<head>

<title>Prueba JSP</title>

</head>
```

```
<body>

<%

for( int i=1; i<5; i++ ) {

%>

<font size="<%=i%>">Tamaño Texto <%=i%></font>

<%

}

%>

</body>

</html>
```

El código JSP anterior sería el equivalente al Servlet de a continuación. ¿Cuál es más práctico?

```
public class MiServlet extends HttpServlet {

public void service( HttpServletRequest req, HttpServletResponse res )

throws ServletException, java.io.IOException {
```

```
PrintWriter pw = res.getWriter( );

pw.println("<html>");

pw.println("<head>");

pw.println(" <title>Prueba JSP</title>");

pw.println("</head>");

pw.println("<body>");

for( int i=1; i<5; i++ ) {

out.println("<font size=" + i + ">Tamaño texto " + i + "</font>");

}

pw.println("</body>");

pw.println("</html>");

}

}
```

Scriptlets

Todas las declaraciones de Java dentro del bloque marcado por <% y%>, llaman scriptlet. Si desea imprimir en JSP el valor de una variable, podemos utilizar el scriptlet de la siguiente manera:

```
<%

String name = "Manuel Cebrian";

System.out.println (nombre);

%>
```

Out es un objeto implícito de JSP, que representa la salida (PrintWriter) del JSP.

Expresiones

Actúa como una facilidad para imprimir una respuesta. El código siguiente es equivalente a la segunda línea del ejemplo anterior.

```
<% =nombre%>
```

Note el carácter = antes de las palabras, y que esta no termina con el carácter de punto y coma.

```
<html>

<body>

<%

int valor = 100 * 887;

out.println( valor );

%>

<br>

<%=valor%></body>

</html>
```

Cuando el Servlet Container ejecute el JSP por primera vez, este primero la convierte en una clase Servlet, lo que puede tardar algún tiempo hasta que el jsp se procesa por primera. Por lo tanto, podemos decir que el JSP se volverá un Servlet poco después. Pero esto no cambia nada en nuestra manera de programar, ya que normalmente podemos solicitar el JSP por su nombre. Ni es necesario modificar la configuración en el archivo *web.xml*.

Todo lo que está codificado dentro de un JSP estará dentro del método *service ()* del Servlet genero. Pero hay una forma de declarar nuevos métodos y atributos en el JSP. Para ello, utilizamos la **Declaración**.

```
<%!

void nuevoMetodo() {

//hacemos algo

}

private int valor = 10;

%>

<html>

<head><title>Prueba de JSP</title></head>

<body>

<%

nuevoMetodo(); //llama al método declarado en el JSP

out.println( valor );

%>

</body>

</html>
```

DIRECTIVAS

Las directivas informan sobre la información general acerca de la página JSP para el Enginde JSP. Hay tres tipos de directivas: *page, include* y *taglib*.

Ejemplo:

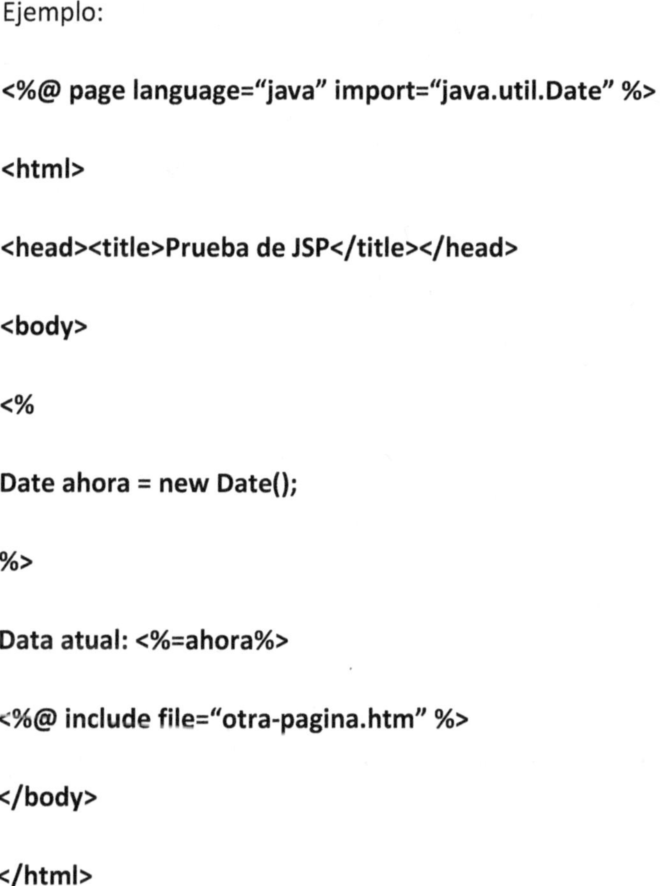

```
<%@ page language="java" import="java.util.Date" %>

<html>

<head><title>Prueba de JSP</title></head>

<body>

<%

Date ahora = new Date();

%>

Data atual: <%=ahora%>

<%@ include file="otra-pagina.htm" %>

</body>

</html>
```

La directiva *page*

La directiva page informa sobre una lista de atributos de la página, como los imports que se realizan, el tamaño del búfer de página, el auto flush, si es thead safe, content type, si es la página de error, que página de error es y así sucesivamente. La directiva *include* incluye otros recursos (dinámicos o no) en nuestro JSP. La directiva *taglib* trabaja con las Tag libs.

El uso de las páginas de error del jsp.

Archivo: prueba.jsp

```
<%@ page language="java" import="java.util.Date" %>

<%@ page errorPage="error.jsp" %>

<html>

<head><title>Prueba de la Página de Error del JSP</title></head>

<body>

<%

if( true ) throw new Exception("Este es un error cualquiera");

%>

</body>
```

```
</html>
```

Archivo: error.jsp

```
<%@ page isErrorPage="true" %>

<html>

<head><title>Página de error del JSP</title></head>

<body>

Erro: <font color='red'><%=excepion.getMessage()%></font>

</body>

</html>
```

Objetos implícitos

JSP tienen algún objeto implícito en la página. Estos son:

- application - Objeto ServletContext
- request - Objeto HttpServletRequest
- response - Objeto HttpServletResponse
- session - Objeto HttpSession
- pageContext - Objeto PageContext, que representa la propia página

- page - Referencia a la propia página JSP (this)
- out - Objeto PrintWriter que envía respuestas al cliente
- config - Objeto ServletConfig
- exception - Objeto Throwable, solamente disponible en los JSPs que son páginas de error.

```
<html>

<head><title>Objetos Implícitos del JSP</title></head>

<body>

<%

String val = request.getParameter("param1");

out.println("Texto enviado por out");

session.setAttribute( "attrib1", "Valor del Attrib1" );

%>

Valor del param1: <%=val%>

Atrrib1 de la sesión: <%=session.getAttribute("attrib1")%>

</body>

</html>
```

ACCIONES

Las acciones son comandos preprogramados. Se declaran en el formato de etiqueta.

Las acciones son:

- include
- forward
- useBean
- setProperty
- getProperty
- plugin

La sintaxis usada es: <jsp:nombreDeLaAccion atributos/>

Ejemplo:

<jsp:include page="pagina.htm" />

<jsp:forward page="MiServlet" />

<jsp:forward page="pagina.jsp">

<jsp:param name="nome" value="Juana" />

<jsp:param name="apellido" value="De Arco" />

</jsp:forward>

LA ACCIÓN INCLUDE

La acción ***include*** se utiliza para incluir una característica en JSP. La acción ***forward*** se utiliza para pasar el procesamiento a otro recurso. Funciona de la misma manera que la clase include y forward de la clase RequestDispatcher. El atributo de *page* recibe el nombre del recurso (Servlets, JSP, etc), que puede ser suministra de forma dinámica, en tiempo de ejecución. Por ejemplo:

```
<jsp:include page="pagina.htm" />

<jsp:forward page="recurso.jsp" />
```

La acción ***useBean*** se utiliza para crear una referencia a un bean existente o a uno nuevo bean que se haya creado.

```
<jsp:useBean id="nombreBean" class="String" scope="session" />
```

En el código anterior se trata de buscar el objeto String almacenado en la sesión con el atributo de nombre nombreBean. Si no encontró referencias a este objeto, se crea una nueva cadena. A continuación, el objeto se almacena en el ámbito. Esto es extrapolable para cualquier otra clase. Ejemplo:

```
<jsp:useBean id=“coche” class=“Coche” scope=“session” />

<%

if( carro.getModelo().equals( “BMW” ) { }
```

```
%>
```

El código de arriba es similar a esto:

```
Coche coche = null;

if( session.getAttribute(“coche”) == null ) coche = new Coche();

else coche = (Coche) session.getAttribute(“coche”);

Session.setAttribute( “coche” coche );

if( coche.getModelo().equals( “BMW” ) {}
```

La acción *setProperty* se utiliza para cambiar el valor de las propiedades de un bean o de un objeto existente.

Ejemplo:

```
<jsp:useBean id="coche" class="Coche" scope="request" />

<jsp:setProperty name="coche" property="modelo" value="Z3" />
```

En el ejemplo anterior, el "Z3" se atribuye al atributo modelo del objeto coche. Para que esto ocurra, el método *setModelo (String modelo)* tiene que existir. El código es el siguiente:

```
coche.setModelo ("z3");
```

También podemos utilizar, en vez de un valor establecido en el código,el valor que viene de la solicitud:

<jsp:setProperty name="coche" property="modelo" param="modelo" />

El código es equivalente a:

coche.setModelo (request.getParameter ("Modelo"));

La acción *getProperty* se utiliza para recuperar e imprimir el valor de las propiedades de un bean o de un objeto existente.

Ejemplo:

<jsp:useBean id="coche" class="Coche" scope="request" />

<jsp:getProperty name="coche" property="modelo" />

En el ejemplo anterior, el valor del atributo modelo del objeto de coche se imprime en la salida del JSP. Para que esto ocurra, el método *getModelo ()* tiene que existir. El código es el siguiente:

out.println (coche.getModelo ());

Los TagLibs

Los taglibs o bibliotecas de etiquetas, es un conjunto de etiquetas personalizadas que agregan funcionalidad a su JSP. Estas etiquetas pueden ser realizadas por terceros (por ejemplo, las etiquetas de

Struts) o pueden creadas por usted mismo, de acuerdo a su necesidad.

Los taglibs tienen como objetivo sustituir a los scriptlets JSP con el fin de dejar su JSP más limpio y simple, y hacer la vida más fácil para los diseñadores web.

Las acciones, que vimos anteriormente, son, nada más y nada menos, que una TagLib estandar de los JSP. Estos Taglibs son un conjunto de clases que definen las acciones y el comportamiento de cada etiqueta, además de un archivo TLD (Tag Lib Descriptor) que describe la funcionalidad del TagLib. Las clases e interfaces de las taglibs son parte del paquete *javax.servlet.jsp.tagext*. La interfaz Tag es la base de todas las tags. También tenemos las interfaces IterationTag, BodyTag y BodyContent.

Cuando usamos taglibs desarrollados por terceros, normalmente, tenemos un archivo JAR con clases que implementan las etiquetas y uno o más archivos de TLD para describir estas etiquetas.

Configuración y acceso de los taglibs:

- Copiar el JAR previsto dentro de su directorio web application/WEB-INF/lib/;
- Configurar (declarar) la TagLib en tu web.xml;
- Configurar su TagLib en el JSP;
- Hacer uso de su TagLib en el JSP.

Después de copiar el archivo JAR con las clases tags suministradas, configuramos el web.xml. Supongamos que el archivo TLD suministrado tiene el nombre "mitaglib.tld". Copie este archivo en el Directorio WEB-INF de la aplicación. Luego, en el web.xml, hay que añadir la siguiente configuración dentro de la etiqueta <web-app>:

```
<taglib>

<taglib-uri>/miTagLib<taglib-uri>

<taglib-location>/WEB-INF/mitaglib.tld</taglib-location>

</taglib>
```

Ahora que tenemos todo preparado en el entorno, debemos preparar nuestro JSP para usar y ejecutar las etiquetas.

```
<%@ page language="java" %>

<%@ taglib uri="/miTagLib" prefix="prueba" %>

<html>

<body>

<prueba:miTag />

</body>

</html>
```

En este sencillo ejemplo, considere que existe una etiqueta llamada MiTag, que es parte de la TagLib utilizada. Para obtener más información sobre cómo ejecutar las etiquetas suministradas, tenemos que consultar la documentación que nos proporcionan las etiquetas.

Entonces, ¿cómo podemos utilizar las etiquetas de terceros, podemos también crear nuestras propias etiquetas?. Para ello, en primer lugar, debemos crear una clase que será nuestra etiqueta, y eso va a ser parte de nuestro TagLib (o biblioteca de etiquetas).

Ejemplo:

```
package prueba.web.tag;

import javax.servlet.*;

import javax.servlet.jsp.tagext.*;

public class MiTag extends TagSupport {

public int doEndTag() throws JspException {

JspWriter out = pageContext.getOut();

try {

out.println("MiTag dice – Hola Mundo");

} catch( Exception e ) {}
```

```
return EVAL_PAGE;

}

}
```

Esta etiqueta, imprime un mensaje simple (texto) en el código generado de JSP.

Una vez creado y compilado, tenemos que crear el TLD que describe nuestra TagLib.

Para ello, tenemos que crear un archivo llamado mitaglib.tld, con la siguiente estructura:

```
<?xml version="1.0" encoding="ISSO-8859-1" ?>

<!DOCTYPE taglib PUBLIC "-//Sun Microsystems, Inc.//DTD JSP Tag Library 1.2//EN" "http://java.sun.com/dtd/web-jsptaglibrary_1_2.dtd">

<taglib>

<tlibversion>1.0</tlibversion>

<tag>

<name>miTag</name>

<tagclass>prueba.web.tag.MiTag</tagclass>
```

</tag>

</taglib>

Después de crear el TLD y copiarlo en la carpeta WEB-INF, tenemos que, opcionalmente, configurar el archivo web.xml, como en el ejemplo anterior, y luego usar la etiqueta, como en el JSP que vemos a continuación:

<%@ taglib uri="/WEB-INF/mitaglib.tld" prefix="mi" %>

<mi:miTag />

Algunas clases de soporte ya están suministradas, por lo que no tenemos necesidad de escribir nuestras etiquetas desde las interfaces. Podemos utilizar las siguientes clases:

- **TagSupport** - implementa la interfaz IterationTag;
- **BodyTagSupport** - implementa la interfaz BodyTag.

Ambas clases tienen los siguientes métodos, siempre se ejecutan en secuencia:

- **public void setPageContext (PageContext p)** - Almacena una referencia al objeto PageContext.
- **public void setParent (Tag parent)** - Guarda referencia a la etiqueta principal, si la hay.

- **public int doStartTag ()** – Ejecutado al inicio del procesamiento de la tag, este método puede devolver los siguientes valores de las constantes:
    - SKIP_BODY - ignora el procesamiento de la etiqueta del cuerpo
    - EVAL_BODY_INCLUDE - procesa el cuerpo de la etiqueta
    - EVAL_BODY_BUFFERED - procesa el cuerpo de la etiqueta con un objeto BodyContent
- **public int doAfterBody ()** - Ejecutado una o más veces. Este método puede devolver valores de estas constantes:
    - SKIP_BODY - ignora el procesamiento repetido de la etiqueta del cuerpo
    - EVAL_BODY_AGAIN - procesa el cuerpo de la etiqueta de nuevo
- **public int doEndTag ()** - Se llama después del método doStartTag (). Este método puede devolver los valores de las siguientes constantes:
    - SKIP_PAGE - ignora el procesamiento del resto de la página
    - EVAL_PAGE – proceso el resto de la página normalmente
- **public void release ()** – Es el último método que se ejecuta. Para la limpieza de los recursos alojados en memoria que aún existieran.

La clase BodyTagSupport también tiene los métodos:

- **public void setBodyContent (BodyContent BodyContent)** – Guarda la referencia al contenido del cuerpo del mensaje.
- **public void doInitBody ()** - Ejecutado antes de procesar el cuerpo de la etiqueta. Este método puede devolver los valores de las siguientes constantes:
    - EVAL_BODY_BUFFERED – procesa el cuerpo de la etiqueta con un objeto BodyContent
    - EVAL_BODY_TAG - procesa el cuerpo de la etiqueta, aunque esté en desuso

Sus etiquetas también pueden soportar parámetros, que se presentan en la etiqueta, a la hora de usarlos en el JSP. Para cada parámetro que querramos usar, es necesario tener un atributo y respectivos métodos get y set, así como configurarlos en el TLD.

Para ilustrar el uso de una etiqueta personalizada completa, creamos una etiqueta que hace que se repita el texto en el cuerpo de su etiqueta. Con este ejemplo, vamos a ser capaces de mostrar todas las características de las etiquetas.

```
package prueba.web.tag;

import javax.servlet.*;

import javax.servlet.jsp.tagext.*;

public class RepetirTag extends BodyContentSupport {

private int repeticiones = 0;
```

```
private int repeticionesRealizadas = 0; //control interno

public int getRepeticiones() { return repeticiones; }

public void setRepeticiones(int repeticiones) {

this.repeticiones = repeticiones;

}

public int doAfterBody() {

repeticionesRealizadas++;

if( repeticionesRealizadas > repeticiones ) {

return SKIP_BODY;

}

JspWriter out = bodyContent.getEnclosingWriter();

out.println( bodyContent.getString() );

return EVAL_BODY_AGAIN;

}

}
```

Creación de un TLD declarativo en nuestra TagLib:

```
<?xml version="1.0" encoding="ISSO-8859-1" ?>

<!DOCTYPE taglib PUBLIC

"-//Sun Microsystems, Inc.//DTD JSP Tag Library 1.2//EN"

"http://java.sun.com/dtd/web-jsptaglibrary_1_2.dtd">

<taglib>

<tlibversion>1.0</tlibversion>

<tag>

<name>repeticion</name>

<tagclass>prueba.web.tag.RepeteTag</tagclass>

<attribute>

<name>repeticiones</name>

<required>true</required>

</attribute>

</tag>
```

```
</taglib>
```

En el JSP:

```
<%@ taglib uri="/WEB-INF/mitaglib.tld" prefix="my" %>

<mi:repeticion repeticiones="5">

Esto se va a repetir<br>

</mi:repetición>
```

Conclusión

El lenguaje de programación Java nos permite desarrollar casi cualquier tipo de programa, con una mayor o menor complejidad, teniendo un control casi absoluto del software que desarrollamos.

Espero que con este libro haya conseguido aprender los comandos y estructuras básicas para comenzar a desarrollar sus propios programas con la tecnología Java. Aunque en un principio Java resulta un lenguaje de programación con cierta complejidad y que es muy extenso, esto puede tener sus pros y sus contras a la hora de valorar el desarrollo de software mediante la tecnología Java. Existen otras tecnologías de programación que ofrecen lenguajes menos complejos, más ágiles y bastante robustos, lo cual a priori puede parecer más interesante a la hora de desarrollar software, pero con la tecnología java, además de poder desarrollar para diversos sistemas operativos, redes y dispositivos electrónicos, la principal característica de java, posiblemente, sea el gran control que se logra en todo el proceso de desarrollo y ejecución del software, de ahí que lo que en principio puede parecer una desventaja, como es la complejidad y la amplitud del lenguaje, a medio y largo plazo se convierte en una ventaja estratégica a la hora de desarrollar y mantener sistemas de software complejos y escalables.

Le invito al lector a seguir ahondando en este maravilloso y extraordinario mundo que es la programación en Java.

REFERENCIA BIBLIOGRÁFICA

Para la creación de este libro se han leído, traducido, contrastado y consultado información en las siguientes fuentes de información:

Curso de introduçao de Java de Daniel Destro do Carmo

Curso de Java Web de Daniel Destro do Carmo

http://www.sun.com

http://wikipedia.org

Acerca del Autor

Ángel Arias es un consultor experimentado en el área informática. Con experiencia en el sector desde 2001, a sus 33 años ha ocupado puestos tales como consultor de software ERP, administrador de sistemas de una importante multinacional de automoción, responsable en el desarrollo web y publicidad en una empresa de formación elearning y actualmente consultor tecnológico para empresas y e-docente en el área de desarrollo web y publicidad y marketing online.

Desde el año 2009 Ángel Arias después de haber publicado varios cursos de informática y haber creado varios cursos sobre tecnologíaen formato digital para plataformas elearning, Andrés, comienza suandadura en el mundo editorial, con la esperanza de llevar elconocimiento y la formación sobre las nuevas tecnologías al mayor público posible.

www.ingramcontent.com/pod-product-compliance
Lightning Source LLC
LaVergne TN
LVHW022308060326
832902LV00020B/3339

* 9 7 8 1 4 9 9 3 2 1 9 2 0 *